The
LITTLE
WOMEN
COOKBOOK

ルイーザ・メイ・
オールコットの

「若草物語」
クックブック

四姉妹たちの作品世界と
すてきなレシピ

TEMPTING RECIPES from the MARCH SISTERS and THEIR FRIENDS and FAMILY

ウィニ・モランヴィル＋ルイーザ・メイ・オールコット[著]
WINI MORANVILLE & LOUISA MAY ALCOTT

岡本千晶[訳]
CHIAKI OKAMOTO

原書房

The Little Women Cookbook: Tempting Recipes from the March Sisters and Their Friends and Family
by Wini Moranville, Louisa May Alcott

Text © 2019 Wini Moranville
Photography © 2019 Quarto Publishing Group
Japanese translation © 2020 Hara shobo
Japanese translation rights arranged with Quarto Publishing Group USA Inc.,
through Tuttle-Mori Agency, Inc., Tokyo

ルイーザ・メイ・オールコットの
「若草物語」クックブック
四姉妹たちの作品世界とすてきなレシピ

2020年10月31日　初版第1刷発行

著者
ウィニ・モランヴィル＋ルイーザ・メイ・オールコット
訳者
岡本千晶
発行者
成瀬雅人
発行所
株式会社原書房
〒160-0022 東京都新宿区新宿1-25-13
電話・代表03-3354-0685
http://www.harashobo.co.jp
振替・00150-6-151594
ブックデザイン
小沼宏之［Gibbon］
カバー印刷
シナノ印刷株式会社

© Office Suzuki, 2020
ISBN978-4-562-05776-4
Printed and Bound in China

謝 辞

　ダン・ローゼンバーグに本書の執筆を依頼され、わたしは本当に幸せ者です。フィクション作家として、料理本の著者として、先祖代々受け継がれてきた歴史あるレシピのマニアとして、わたしがこのプロジェクトに興奮し、魅了されるだろうということが、彼にはなぜかわかっていたのです。

　また、数年前の『Bonne Femme Cookbook（いい女のクックブック）』のときと同様、リサーチといくつかのレシピ開発を手伝ってくれたエレン・ボークにも感謝します。ルイーザ・メイ・オールコットへの賞賛、このプロジェクトに対する彼女の熱意はわたしのそれとまったく変わりません。おかげでこの本をより良いものにすることができました。それに、カレン・ワイズに（今回も）コピー・エディターを務めてもらえるなんて、本当についています。

　初期アメリカの料理本のコレクションを有する〈ハーティトラスト・デジタルライブラリー〉のおかげで、想像していた以上に、オールコットの時代の料理を深く探ることができました。このコレクションはおおむね、ありがたい存在でしたが、ときにはさまたげになることもありました。というのも、当時のレシピや料理の知恵を読みふけって何時間も過ごしてしまうことがあったからです──締め切りそっちのけで。

　そしてデイヴィッド・ウルフに。言葉がありません。あなたとテーブルをともにしてきたこれまでの年月、なんと楽しい時間だったことか。

目 次

［訳注］

・本書では1カップ＝235mlで計量されています。計量カップや計量スプーンの分量に併記されている容量・重量は切りの良い数字に調整した箇所もあります。

・「万能小麦粉」は日本の中力粉に相当します。デザート類など、軽く仕上げたい場合は薄力粉を振るって使うとよいでしょう。

・「モラセス」はさとうきびの汁を煮詰めて精製した糖蜜。手に入らない場合は黒蜜で代用できます。

・「ピュアエキストラクト」はアルコール抽出の液体香料。エッセンスで代用する場合、濃度が高いので分量は数滴ですみます。

・「バターミルク」は発酵バターを作ったあとの液体。手に入らない場合はプレーンヨーグルトと牛乳を混ぜたもの、もしくは牛乳200ml当たり小さじ2のレモン汁を加えてとろみをつけたもので代用できます。

・そのほかの訳注は本文中に［　］で示しました。

はじめに

食べるもの、それは目で見ることができる一種の愛情

愛すべき小説『若草物語』でマーチ家の人々が友人や隣人に料理や食べ物を分け与えるとき、それは相手への気遣いや愛情を示す手段となっている場合がほとんどです。メグ、ジョー、ベス、エイミーがそれを実践する最初の例としてわたしたちが目にするのは、クリスマスの日、貧しいドイツ人移民の家族に朝食のごちそうを譲る場面で、その後、姉妹はうちに帰って、パンとミルクで簡単な朝食をとることになります。ジョーとローリーが友情をはぐくみ始めたころ、ジョーは風邪をひいたローリーを見舞い、メグが作ったブランマンジェを持参してこう言います。「やわらかいからのどが痛くても大丈夫。つるっとのみ込めるわよ」。

一家の料理人ハンナはどんなに忙しくても、「不機嫌」であっても、寒い日の朝は、仕事や学校に向かう姉妹が途中で手を温められるよう、毎日あつあつの二つ折りパイ、ターンオーバーを作ってくれます。ベスが最初に病気になったとき、「メグはいそいそと白い手をよごしたり、やけどをしたりしながら、"いとしい妹"のためにおいしい食事をこしらえて」います（メス［原文messes］はいろいろなものを混ぜて作った料理の一種）。

アメリカ西部で教職に就くため、近々東部を去る予定だったベア先生は、マーチ家との最後の食事に、高価な果物とナッツを買って持っていくと言ってききません（幸い、数ページ先で、ベア先生がジョーのもとへいずれ戻ってくるとわかり、読者は皆、うれし涙をこぼします）。

そして何よりも心動かされるのは、ジョーが「自分の命よりも愛している人たち」のためにお金が使えるよう、作家として

お金を稼ごうと努力することかもしれません。ジョーは「冬のいちごから寝室に置くオルガンにいたるまで」、ベスが欲しがっているものをすべて買ってあげられるだけのお金を稼ぎたいと夢見ます。メグの夫ジョンは、「少しばかりのお金をひそかにとっておき、病身のベスがいつでも大好きな果物を食べられるようにしてやることに喜びを感じていた」ようです。

人生の教訓もまた、食べ物を通じてもたらされます。料理人の仕事なんてわけないと考えていた娘たちは、母親の朝食を作ろうとします。そしてお茶が苦くなり、オムレツが焦げ、ビスケットが台無しになったとき、ハンナの言うとおり「家事は生やさしいことではない」と学ぶにいたるのです。物語のなかで、ジョーとエイミーはそれぞれ別の機会に友人をもてなそうとしますが、さえない結末を迎えることになります。とはいえ、ふたりともその過程でいくつか教訓を拾い集めていきます。メグと夫のジョンは、メグのゼリー作りが大失敗に終わったあと、激しい口論をします。それでも後に、あのゼリーは「これまで作ったなかでいちばんおいしいゼリーだった」と思うようになります。なぜなら、衝突したことが夫婦の距離を縮める役に立ったからです。

また、食べ物は小説全編を通じて、ダンスパーティーや社交の場で何らかの役割を果たします。あるダンスパーティーの際、メグとローリーは「ボンボン・アンド・モットー」——気の利いた格言が書かれた包みに入ったキャンディー——を一緒に食べたり読んだりしながら笑い合います。パーティーの一部始終を聞かせてもらえるはずと期待して夜更かしをしていた妹たちのために、メグとジョーがボン

ボンをちゃんと持って帰ってきたことは言うまでもありません。ローリーはイギリスの友人とマーチ姉妹を集めてボート遊びに出かけ、最後はのんびり、愉快なピクニックで締めくくります。エイミーは学校での社会的地位を維持するため、ライムの酢漬け（当時、女学生のあいだで流行っていた食べ物）を同級生にどうしてもおすそ分けしたいと言いますが、悲しいかな、その努力は実りません。

最も注目すべきは、物語がピクニックで締めくくられることでしょう。一家はジョーがマーチ伯母さんから受け継いだ屋敷と土地、プラムフィールドに集い、りんご狩りの1日を過ごします。そして最後に、ジョーとメグが「草の上に夕食を並べ」ます。「というのも、戸外でお茶をする時間はいつだって、りんご狩りの日の最高の喜びだった」からです。そこから物語の最後まで、大地はミルクと蜜であふれます。子どもたちは馬跳びをしたり、ターンオーバーを食べたり、木の枝にぶら下がって歌をうたったり。果樹園にはクッキーやターンオーバーが散らばり、赤ちゃんがふざけてピッチャーにこぶしを突っ込み、ミルクをかき回しています。

姉妹と母親がその日の収穫と自分たちの人生を振り返るこのピクニックの場面は、物語における最高の歓喜であり、最後のセリフで、母親は感嘆の声を上げるにいたります。「ああ、あなたたちがどれだけ長生きしようと、これ以上の幸せは祈ってあげられないわ」

これからご紹介する49のレシピは、『若草物語』に登場する食べ物が伝える精神と喜びをとらえるうえで役に立つでしょう。レシピの多くは、物語で言及されている具体的な料理からアイデアを得たもので、グリドルケーキ、そば粉のパンケーキ、たたきつぶしたポテト、ブランマンジェ、コンビーフ、アスパラガス、ボンボン・アンド・モットー、カラントゼリーのソース、ジンジャーブレッドなどは、マーチ家の人々が家族や友人や隣人たちと一緒に作ったり味わったり

した食べ物です。

ほかには、物語のなかで行われるイベントにヒントを得た料理が登場します。メグ、ジョー、ベス、エイミーと姉妹の友人たちは、しばしば食べ物を囲んで集いますが、どんな料理を食べているのか具体的に書かれていないこともあります。このようなケースでは、そういった機会に楽しめそうなタイプのレシピをご提案します。たとえば、ハンナが家族の「お茶（tea）」や「夕食（supper）」──夕方の食事に対して区別なく使われる言葉──に作るであろう簡単な食事のほか、エイミーが学校の絵画クラスの友人たちのために企画するパーティー、ローリーのピクニック付きボート遊びなど、規模の大きな集まりに適した料理をご紹介していきます。また、海外旅行中にエイミーが発見し、大好きになったに違いないフランスのレシピもいくつか取り入れています。

本書のレシピを考えるにあたり、まずは1850年ごろから1880年前後に出版されたアメリカの料理本に幅広く目を通してみることにしました。そこからレシピを選んでいったわけですが、念頭に置いたのは次の点です。マーチ家の人々が食べたもの、住んでいた場所がわかっているのだから、それを踏まえて考えると、ほかにどんな食べ物が彼らの食事のスタイルに合うのか？　この時代、とくに人気があったレシピは何か？　たとえば、わたしが調べたほぼすべての料理本でマカロニ・アンド・チーズのレシピを目にしました。なので、当然、この本にもそのレシピがのっています。

そして最後に、わたしはこう自問しました。これらの歴史的レシピのうち、今日のわたしたちが本当に作ってみたい、食べてみたいと思う料理に書き換えるべきものはどれか？　みなさんも気づかれるでしょうが、エイミーがクラスメートにおすそ分けする「ごちそう」、ライムピクルス（pickled limes）のレシピそのものは本書にのっていません。塩、にんにく、クローブ、酢、こしょう、マスタードでライムを丸ごと漬け込んで作

られたこの食べ物は、ある種のレリッシュ［ピクルスやオリーブなど、料理に風味や彩りを添えるもの］として、現代の料理冒険家の興味は引くかもしれませんが、クラスメートにおすそ分けするごちそうとしてはどうでしょう？　あまり心惹かれるものではありません。その代わり、エイミーのライムピクルスに遊び心を利かせて敬意を表する方法を思いつきました。それがライムのフロスティングとくし形の小さなライムゼリー・キャンディをトッピングした、「エイミーの"ライムピクルス"シュガークッキー」(071ページ)です。

　同様に、ベア先生がマーチ家のために奮発した果物とナッツの手土産を称えるべく、これをすてきなトライフルに変身させました。ジョーの家族がベア先生の贈り物を大いに気に入ったのと同じように、だれもが大好きになること請け合いのごちそうです。

　では、これらのレシピはマーチ家の人々がそうしたであろうやり方とまったく同じ作り方になっているのか？　とんでもない！　もしそうなら、ブランマンジェ作りは、仔牛の足を煮出してゼラチンを取ることから始めなくてはならず、マカロニ・アンド・チーズの表面は、シャベルを火で熱し、真っ赤に焼けた鋤の部分を皿の上にかざして焦げ目をつけなくてはならないでしょう。わたしのレシピで用いるのは現代の手法であり、現代の製品や機器を利用します。電気を使うことは言うまでもありません。ほとんどの場合、「一から作る」料理にこだわったつもりではありますが、ベーキングミックスが使われているレシピもちらほら目にするでしょう。ただ、作り方がどうであれ、それぞれのレシピはマーチ家の人々がともに楽しんだであろう料理の精神をとらえたものになるように工夫されています。

　わたしはティーンエージャーのときにはじめて『若草物語』を読み、この物語に魅了されました。それから長きにわたり、ときどき読み返してきましたが、1994年の実に魅力的な映画版『若草物語』──主演のウィノナ・ライダーとガブリエル・バーンが、文句なしに愛すべきジョーと、好きにならずにはいられないベア先生をそれぞれ演じています──を見たあとはとくに読み返す機会が増えました。フードライター兼編集者として、先祖代々受け継がれてきたレシピに以前から魅了されていたわたしの夢は、昔の料理人が家族のために愛情を込めて作った料理を探求するクックブックを書くことでした。『若草物語』をテーマにしたクックブックを書く機会が訪れたとき、わたしはそのチャンスに飛びつきました。このクックブックが印刷に回されるころ、新たに映画化された『若草物語』が公開される予定です。この作品には、今、最も称賛されるふたりの若手俳優、シアーシャ・ローナンとティモシー・シャラが主演し、ジョーとローリーを演じます。言うまでもありませんが、わたしはとても楽しみにしています。

　リサーチをし、このクックブックを書いたことで、わたしは『若草物語』に惚れ直しました。みなさんにとっても、本書が物語に惚れ直す役に立ってくれたらと願っています。わたしのクックブックで紹介した食べ物を分かち合うことで、マーチ家の人々が食べ物を分かち合ったときと同じ経験をみなさんに味わっていただくこと、それがわたしの何よりの願いなのです。

みなさんにこれ以上の幸せを祈ってさしあげることはできないでしょう。

マサチューセッツ州コンコードにあるルイーザ・メイ・オールコットのオーチャード・ハウス。オールコットは1868年にここで『若草物語』を書いた。

MEG

JO

BETH

AMY

第 *1* 章

ハンナの朝食

コーンミールやそば粉のグリドルケーキ、

ジョーでも失敗しない母さまのためのオムレツ、

クリスマスのマフィン（エイミーのお気に入り）、

りんごをちりばめた甘いオートミールポリッジなど、

あの時代に忠実な、お腹を満足させるレシピで、

メグ、ジョー、ベス、エイミーのように元気いっぱいに朝を迎えましょう。

ハンナの伝説的二つ折りパイ、ターンオーバーにチャレンジすれば、

薄い生地を重ねて焼き上げたバターたっぷりのあのペストリーが、

マーチ家と同様、あなたの家でも

引っ張りだこになるかもしれません。

そば粉のパンケーキ

「わたしもその子たちのところにプレゼントを届けるの、お手伝いしていい?」ベスが嬉々として尋ねた。(中略)メグはもうそば粉のパンケーキを包み、大きな皿にパンを積み上げている。

　そば粉のパンケーキはどこへ消えてしまったのでしょう? 1850年から1880年にかけて、このようなグリドルケーキのレシピは100以上の料理本にのっていました。マーチ家の姉妹が貧しいフンメル一家にプレゼントしたクリスマスの朝食のなかにそば粉のパンケーキが入っていましたから、あれはみんなが大好きなごちそうだったに違いありません。栄養たっぷりなパンケーキは、お腹をすかせた子どもたちをすっかり元気づけたことでしょう。

　ルイーザ・メイ・オールコットが活躍した時代以降、そば粉のパンケーキはなぜか流行らなくなりました。しかし現代のわたしたちは、食物繊維が豊富で健康によい食べ物を朝食のテーブルに取り戻そうとしています。そのため、そば粉のパンケーキの人気が再び高まっているのです。この風味豊かなおいしいケーキをぜひ作ってみてください。人気が盛り返すのも当然と、みなさんもうなずくはずです。

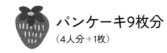

パンケーキ9枚分
(4人分＋1枚)

万能小麦粉:⅓カップ＋大さじ1(50g)
そば粉:⅓カップ＋大さじ1(49g)
砂糖:大さじ2(26g)
ベーキングソーダ(重曹):小さじ1(4.6g)
塩:小さじ½(3g)
無塩バター:大さじ6(85g)、2等分しておく
バターミルク:1カップ(235ml)
卵:大きめのもの1個、軽く溶きほぐしておく
メープルシロップ:食べるときに添える

---

1. 中くらいのボウルに万能小麦粉、そば粉、砂糖、ベーキングソーダ、塩を入れてかき混ぜる。混ぜ合わせた粉類の中央にくぼみを作っておく。別の中くらいのボウルでバターミルクと卵を混ぜ合わせる。それを粉類のくぼみに注ぎ、静かに混ぜ合わせていく。

2. 大さじ3杯分(43g)のバターを電子レンジで溶かす。それを1の生地に加え、粉っぽさがなくなるまで静かに混ぜ合わせる。ただし混ぜすぎないように注意する。

3. 直径25cmのノンスティック加工のフライパンを中火で熱する(生地が広がりすぎてしまうため、それより大きいフライパンは使わない)。バター大さじ1(14g)を入れて溶かし、フライパンを傾けながら、全体にまんべんなくバターを行き渡らせる。

4. 直径10cm程度になるよう生地を(1枚につき約¼カップ[60ml])フライパンに流し入れる。片面に焼き色がつき、裏返せる程度に固まってくるまで2分ほど焼く。生地を裏返し、縁が固まって裏面にも焼き色がつき、全体に火が通るまで1〜2分焼く。残りのバターと生地を使い、この要領でパンケーキを焼いていく。熱いうちにメープルシロップを添えてテーブルへ。

"インディアンミール"の グリドルケーキ

　マーチ家の人々が生きた時代、コーンミールは「インディアンミール」と呼ばれていたのでしょう。19世紀、このいかにもアメリカらしい穀物を用いるレシピは非常にポピュラーなものでした。新婚のメグが愛用していたコーネリアス夫人の料理本『The Young Housekeeper's Friend(若き主婦の友)』では、インディアンプディング、フライドフィッシュ、4種類のコーンケーキ、各種パンなど、ありとあらゆるレシピにコーンミールが使われています。

　メグの愛用本にはバターミルクで作るグリドルケーキものっており、そのレシピがここでご紹介する黄金色のおいしいパンケーキのヒントとなりました。縁がカリッとしたふわふわのパンケーキは朝食用のソーセージととくによく合いますし、下に紹介したブルーベリー入りのバリエーションもまた、たまらなく魅力的なレシピです。

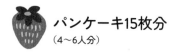 パンケーキ15枚分
（4～6人分）

万能小麦粉:1カップ(125g)
コーンミール:¾カップ(105g)
砂糖:大さじ2(26g)
ベーキングパウダー:小さじ1(4.6g)
ベーキングソーダ(重曹):小さじ1(4.6g)
塩:小さじ½(3g)
バターミルク:1¾カップ(410ml)
卵:大きめのもの2個、軽く溶きほぐしておく
ピュア・バニラエキストラクト:小さじ1(5ml)
無塩バター:大さじ3(42g)、溶かしておく
サラダ油
バターとピュア・メープルシロップ:食べるときに添える

1. 中くらいのボウルに小麦粉、コーンミール、砂糖、ベーキングパウダー, ベーキングソーダ、塩を入れてかき混ぜる。混ぜ合わせた粉類の中央にくぼみを作っておく。小さめのボウルにバターミルク、卵、バニラエキストラクトを入れ、泡立て器で混ぜ合わせる。それを粉類のくぼみに注ぎ、静かに混ぜ合わせていく。そこへ溶かしたバターを加え、静かにかき混ぜる。

2. ノンスティック加工のグリドル(鉄板)もしくはフライパンにはけでサラダ油を塗り、強めの中火で熱する。1枚につき¼カップ(60ml)弱の生地を流し入れ、数回に分けて焼いていく。まず片面がきつね色になるまで1～2分焼いたら生地を裏返し、もう片面にも焼き色がついて、全体に火が通るまでさらに1～2分焼く。熱いうちにメープルシロップとバターを添えてテーブルへ。

ブルーベリー"インディアンミール"グリドルケーキ:メグが愛用した料理本ではブルーベリーを加えるレシピにはなっていませんが、このパンケーキはベリーを足すとすばらしくおいしくなります。グリドルかフライパンに生地を流し入れたら、表面が乾かないうちにブルーベリーを1枚につき5個ずつ散らし、あとは上記の指示どおりに焼いていきます。15枚分のパンケーキに必要なブルーベリーの分量は約1カップ。

エイミーの好きな "クリスマス"のマフィン

「クリームとマフィンはわたしが持っていくわ」エイミーはそう言い添え、自分の大好物を潔く差し出した。

　エイミーがこよなく愛し、クリスマスの日に潔くフンメル家のために差し出したマフィンがどのようなものだったのか、正確にはわかりかねます。オールコットの時代、マフィンはプレーンな小ぶりのパンを指すことが普通で、現代のわたしたちが味わっている甘いスパイスや果物入りのものではありませんでした。当時、マフィンはオーブンではなく、グリドルにリング状の型を並べて焼くことが多かったのですが、『若草物語』が出版されたころには、現代のマフィンと同様、オーブンで焼くやり方をのせている料理本もあったのです。常に最高のものを見極める目利きであったエイミーなら、「大好物」を甘く(そして豪華に)したバージョンをきっと楽しんでくれることでしょう。

 **マフィン12個分**

ドライクランベリー:½カップ(60g)

熱湯

万能小麦粉:2カップ(250g)

砂糖:½カップ(100g)

ベーキングパウダー:小さじ2(9.2g)

シナモンパウダー:小さじ½

塩:小さじ½(3g)

ベーキングソーダ(重曹):小さじ¼

卵:大きめのもの2個、軽く溶きほぐしておく

バターミルク:1カップ(235ml)

ピュア・バニラエキストラクト:小さじ1(5 ml)

すりおろしたオレンジの皮:小さじ1 ½(3g)

無塩バター:大さじ4(55g)、溶かしておく

---

1. オーブンを200度に予熱する。12個取りのマフィン型に薄く油を塗っておく。

2. ボウルにドライクランベリーを入れ、ひたひたに熱湯を注ぎ、置いておく。

3. 大きめのボウルに小麦粉、砂糖、ベーキングパウダー、シナモン、塩、ベーキングソーダを入れてかき混ぜる。混ぜ合わせた粉類の中央にくぼみを作っておく。小さめのボウルにバターミルク、卵、バニラエキストラクト、オレンジの皮を入れ、泡立て器で混ぜ合わせる。この液体材料を粉類のくぼみに注ぎ、切るようにさっくりと混ぜ合わせる。溶かしたバターを加え、すべての材料が合わさるまで静かにかき混ぜる。生地はだまがある状態で構わない。

4. クランベリーの水気を切り、3の生地に切るようにさっくりと混ぜ合わせる。スプーンで生地をすくい、準備しておいたマフィン型の⅔から¾の高さまで流し入れる(12個分入れ終えたら、生地は余っても使わないこと。型にめいっぱい入れないようにする)。

5. 4の生地を15分ほど焼く。マフィンの中心に竹串を刺し、抜いたとき先端に何もついてこなければ焼き上がっている。ケーキクーラーに型をのせ、5分冷ます。マフィンを型からはずし、温かいうちにテーブルへ。

母さまに食べさせたい
上等オムレツ

煮立てたお茶はひどく苦いし、オムレツは焦げているし、ビスケットはふくらし粉でぶつぶつになっていたが、マーチ夫人はありがとうと言って食事を受け取り、ジョーが部屋を出ていってから大笑いしたのだった。

　時間を持て余す日々を何日か過ごし、退屈していたメグとジョーは6月のある朝、母親のために朝食を作ります。そして悲しいかな、キッチンではふたりが思っていたほど物事はうまく運びません。しかし、だれがやっても失敗しないこのレシピに従えば——ちょっぴり焦げたものではなく——しっとりした、黄金色の鮮やかなオムレツが作れますよ。ちなみに、ふくらし粉(saleratus)とは、今で言うベーキングパウダーのことです。

オムレツ1個分
(作りたい数だけレシピの手順を繰り返してください)

卵:大きめのもの2個
細かく切った生のイタリアンパセリかチャイブ:大さじ1(4g)
塩と挽いた黒こしょう:好みで
無塩バター:小さじ1(5g)

1. 小さめのボウルに卵を割り入れ、パセリ、塩、こしょうを加えてしっかり溶きほぐす。材料がよく混ざったらボウルをわきに置いておく。

2. 直径18cmのノンスティック加工のフライパンを強めの中火にかける。バターを溶かし、焦げないように熱する。卵液を加え、フライパンを前後に揺らしながら、フォークを背の部分がフライパンと平行になるように持ち、静かに卵をかき混ぜる(フォークでフライパンの底をこすらないようにする)。

3. 卵が半熟状になったらかき混ぜるのをやめ、そのまま固まるまで火を通す。フライパンを傾け、フォークやフライ返しを使って上端からオムレツをゆっくり巻いていく。しっかり焼いたオムレツが好みなら、この状態でもう数分火を通す。

4. オムレツを転がし、合わせ目を下にしてフライパンから皿へ移す。熱いうちにテーブルへ。

チーズとジャムのターンオーバー

このターンオーバーは一家の名物料理であり、娘たちは「マフ」と呼んでいた。というのも、ほかにマフと呼べるものをひとつも持っておらず、寒い朝には熱々のこのパイがかじかんだ手を心地よく温めてくれたからだ。吹きさらしの長い道のりを行く姉妹のために、ハンナはどんなに忙しくても、不機嫌であっても、ターンオーバーを作ることを決して忘れなかった。

　ハンナは、マーチ家の姉妹のために毎朝、熱々の二つ折りパイ、ターンオーバーを作ります。この小さなパイは、仕事や学校へ通う姉妹の手を温め、中に入れるものによって甘いおやつにもなれば、おいしい昼食にもなるのです。チェダーチーズを練り込んだ生地でごく少量のジャムを包んだこのターンオーバーは、甘いというより、塩味が利いています（甘いターンオーバーをお探しなら、098ページのアップルターンオーバーのレシピをご参照ください）。これは週末の朝食やおやつにぴったりのおいしいパイです。

 **パイ12個分**

万能小麦粉：1カップ(125g)

砂糖：小さじ1(4g)

塩：ひとつまみ

無塩バター：大さじ8(112g)、細かく切っておく

チェダーチーズ：細切りにしたもの1カップ(114g)

低脂肪牛乳もしくは牛乳：大さじ3〜4(44〜60ml)、このほかに生地に塗る分を適量

果物のジャムや砂糖煮（プリザーブ）：¼カップ(80g)、アプリコット、ブラックベリーなど

---

1. 大きめのボウルに小麦粉、砂糖、塩を入れ、泡立て器で混ぜ合わせる。そこへバターを加える。パイブレンダーを使って、もしくはナイフを2本交差させるやり方でバターを粉類に切り込み、粗い粒状になるまで混ぜ合わせる。チーズを入れてかき混ぜる。牛乳を加え、粉類が水分を含んでまとまってくるまでかき混ぜる。ボウルの側面にそっと押しつけるようにして生地をこね、ボール状にまとめる。生地を円盤状にのばし、ラップで包む。それを冷蔵庫で約1時間、生地が扱いやすくなるまで冷やす。

2. オーブンを190度に予熱する。縁のある天板にクッキングシートを敷く。

3. 軽く打ち粉をした台で1の生地を3mmほどの厚さにのばす。直径9cmの丸抜き型で生地を抜いていく。必要に応じて残った切れ端をそっと丸めて再びのばし、さらに型抜きをする（メモ参照）。生地がやわらかくならないように手早く行うこと。

4. 丸く抜いた生地の中央に小さじ山盛り1杯ずつジャムをのせていく。生地の縁にはけで牛乳を塗り、ふたつ折りにしてジャムを包む。フォークの背で生地の縁を押さえて閉じる。焼いたときに蒸気が抜けていくよう、パイの上部によく切れるナイフで3か所小さな切れ目を入れる。準備しておいた天板にパイを並べる。

5. パイがきつね色になるまで25〜30分焼く。ケーキクーラーの上で20分以上冷ましてからテーブルへ。中のジャムが熱くなっているので注意する。

メモ：生地はできるだけすき間なく抜くこと。生地はこねるとそれだけ硬くなる。

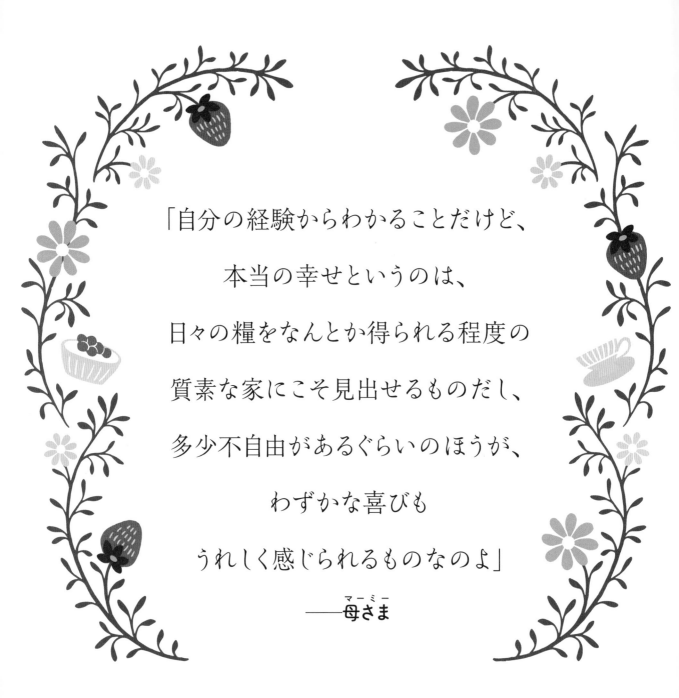

「自分の経験からわかることだけど、

本当の幸せというのは、

日々の糧をなんとか得られる程度の

質素な家にこそ見出せるものだし、

多少不自由があるぐらいのほうが、

わずかな喜びも

うれしく感じられるものなのよ」

——母さま<ruby>母さま<rt>マーミー</rt></ruby>

ミルクトースト

 2人分

やがて一同、慰めの言葉を残してそこをあとにしたが、クリスマスの朝食を人に譲り、自分たちはパンとミルクの朝食で我慢をした4人の空腹の少女たちほど陽気に浮かれていた者は、町中どこを探してもいなかっただろう。

　マーチ家の姉妹は貧しいドイツ人の移民家族にクリスマス用の豪華な朝食を譲ったあと、家に戻ってパンとミルクの質素な朝食をとります。グラスに注いだミルクとスライスしたパンだけの朝食だったのでしょうが、ハンナならこのふたつの材料を使ってミルクトースト──トーストしたパンに温めてとろっとした牛乳をかけた料理──にしたかもしれません。ミルクトーストのレシピは、1800年代半ばの料理本全般に登場します。ミルクトーストはおもに朝食として出されていましたが、簡単な夕食の一部として出されることもありました。

　さまざまな朝食用シリアルが登場すると、ミルクトーストの人気は衰えたものの、この料理が完全に消えてなくなることはありませんでした。みなさんのおじいさんやおばあさんに聞いてみてください。子どものころ病気になると、まろやかで食べやすい料理として母親がこれを作ってくれていたかもしれません(とくにお腹を壊したときにはぴったりです)。

　オールコットの時代のレシピでは、ミルクトーストはもっぱら塩だけで味つけされていました。でもシナモンと砂糖を少し加えると、病気であろうとなかろうと、この料理は温かいシリアルに代わるシンプルで満足のいく料理に変身します。

牛乳もしくは低脂肪牛乳:1カップ(235ml)
塩:好みで
サンドイッチ用のパン:4枚
無塩バター:好みで
砂糖:好みで
シナモンパウダー:好みで

---

1. 小さめのソースパンを中火にかけ、湯気が立つまで牛乳を温める。塩をひとつまみ加える。なべを火からおろし、冷めないようにふたをしておく。

2. パンをトーストし、バターを塗る。それを一口大にちぎり、ふたつの浅いボウルに分けて入れる。トーストに砂糖とシナモンを振りかけ、温めた牛乳を注いでテーブルへ。

りんごとシナモンと
メープルシロップ入り
オートミールポリッジ

　ルイーザ・メイ・オールコットの時代にオートミールポリッジとして知られていたホットオートミールは、『若草物語』の時代に朝食の選択肢として人気が高まりつつありました。興味深いのは、1858年のあるレシピに、ポリッジは「ポーターと砂糖、もしくはエールと砂糖と一緒に食べる場合がある」と書かれていることです。言うまでもなく、ポーターとエールは2種類のビールですが、これ、おいしそうに思えますか？　それよりも、1868年のレシピに従い、「ホットミルクを添えて食卓へ」出すことをお勧めします。

　オートミールポリッジのレシピは、シンプルに塩か砂糖で味つけされているのが一般的でした。ここでご紹介するレシピでは、ニューイングランドで暮らしていたマーチ家がきっと常備していたであろう材料をいくつか追加し、シナモン、りんご、メープルシロップを使います。りんごは甘いものでも、酸っぱいものでもうまくいきますので、お好きなほうを選んでください。

 4人分

水：4カップ（946ml）
味のついていないオートミール：2カップ（312g）、「オールドファッション」「ロールドタイプ」等と書かれたもの
りんご：中くらいのものを2個、芯を取り、約1.3cm角に切っておく（約2カップ［300g］）
シナモンパウダー：小さじ½（0.9g）
塩：小さじ⅛（0.75g）
ピュア・メープルシロップ、ブラウンシュガー、温めた低脂肪牛乳：食べるときに添える

1. 大きめのソースパンに水を入れ、強めの中火で沸騰させる。オートミール、りんご、シナモン、塩を入れてかき混ぜる。

2. 中火に落としてぐつぐつ煮立て、ときどきかき混ぜながら、りんごがやわらかくなり、オートミールがふやけて水分がほとんどなくなるまで5分ほど煮る。メープルシロップ、ブラウンシュガー、温めたミルクを添えて熱いうちにテーブルへ。

朝食に……魚?

　メグ、ジョー、ベス、エイミーの時代の朝食は、今とだいぶ違っていたでしょう。そのひとつとして、朝食用のシリアルが珍しかったことが挙げられます。また当時の朝食は、今のアメリカ人の大半が日常的に食べているものよりもボリュームがあり、変化に富んでいる傾向がありました。

『若草物語』第1部が出る少し前の1856年に出版された『Cookery as It Should Be(しかるべき調理法)』より、朝食の「献立表」(メニュー)のサンプルをご紹介しましょう。

秋
- コーンブレッド、小麦パン、ゆでたハム、ポーチドエッグ、フライドポテト
- 温かいパンと冷たいパン、骨付き肉、ホミニー[ひき割りとうもろこし]のフライ、オムレツ
- 温かいパンと冷たいパン、レバーソテー、ゆで卵、フライドポテト

冬
- コーンブレッド、冷たいパン、シチュー、ゆで卵
- ホットケーキ、冷たいパン、ソーセージ、フライドポテト
- 冷たいパン、クロケット、オムレツ

春
- 温かいパンと冷たいパン、魚、ゆで卵
- 温かいパンと冷たいパン、クラムフリッター、ゆで卵
- 温かいパンと冷たいパン、魚、ホミニーのフライ

夏
- 冷たいパン、魚、フライドマッシュ
- 冷たいパン、クラムフリッター、ゆでた米、ゆで卵
- 冷たいパン、ゆでたハム、ゆで卵、ホミニーのフライ

MEG　　JO　　BETH　　AMY

第 2 章

家族や友人との集い

マーチ家とローレンス家の人々が相手を家に招くとき、

テーブルに用意される食事はそれぞれ違っているかもしれませんが、

財力のあるなしにかかわらず、

彼らはいつもお客さまを楽しくもてなします。

みなさんもぜひ、この『若草物語』流のやり方で

大好きな人たちを呼んで、ピクニックや夕食会、

さらにはサンデーロースト［日曜日の昼食にロースト料理を食べる習慣］を

してみてください。

ローストビーフの
ピクニックサンドイッチ

19世紀には、ピクニックのほか、夕食の集まりにもよくサンドイッチが出されていました。その日のメインの食事が昼に出されたため、夕食、すなわちサパーは、来客があっても、多くの場合、ごく軽いものですませていたということを頭に入れておいてください。

このローストビーフサラダのサンドイッチにはピクルスとセロリが欠かせません。どちらもマーチ家の人々が生きた時代のピクニックのメニューによく登場した食材です。今度のピクニックにぜひ持っていってください。カジュアルなビュッフェスタイルの集まりなら、4つに切って提供するのもいいでしょう。

 サンドイッチ4個分

市販のローストビーフ:114g、細かく刻んでおく

セロリの茎:1本、細かく刻んでおく

赤玉ねぎのみじん切り:¼カップ(40g)

ガーキン、コルニションなど小きゅうりのピクルス(酸味が強いタイプ)のみじん切り:¼カップ(40g)

マヨネーズ:¼カップ(60g)

ディジョンマスタード:大さじ1(11g)

無塩バター:好みで

サンドイッチ用の食パンもしくは全粒粉パン:8枚

1. 中くらいのボウルにローストビーフ、セロリ、赤玉ねぎ、ピクルス、マヨネーズ、マスタードを入れ、よく混ぜ合わせる。

2. 4枚のパンにバターを塗る。1の具を4等分し、バターを塗ったパンにのせて広げる。残りのパンを重ね、ピクニック用なら2等分、ビュッフェスタイルなら4等分に切る。

チーズとバターと
セロリのサンドイッチ

　マーチ家がセロリを楽しむのは特別な機会だけだったかもしれませんが——当時、セロリは高価な野菜だったのです——ローリーは自分が催すパーティーで間違いなくセロリを出していたでしょうし、ゲストを心底喜ばせたいと思ったら、カットガラスの花瓶に入れて出すことさえしたかもしれません(ローリーのことですから、おそらくしたでしょう!)。これは昔ながらのやり方でセロリを主役にしたサンドイッチですが、今風のピクニックにもぴったりなレシピです。

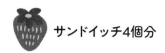 サンドイッチ4個分

無塩バター:好みで
サンドイッチ用の全粒粉パン:8枚
セロリの茎:2本、薄く輪切りにする
塩と挽いた黒こしょう:好みで
スライス・チェダーチーズ:8枚

1. パンの片面にバターを塗る。そのうち4枚にセロリを均等に分けて置き、ずれないようバターに押しつける。塩とこしょうで味つけをする。

2. セロリをのせたパンにスライスチーズを2枚ずつ重ねる。バターを塗った面を下にして残りのパンを重ねる。サンドイッチを斜めに2等分する。

セロリグラス

信じがたいことですが、ルイーザ・メイ・オールコットの時代、セロリはめったに食べられないごちそうでした。裕福な家庭では、装飾が施されたガラスの花瓶(「セロリグラス」として知られています)にしゃきっとしたセロリの茎をさし、生花を飾るのと同じように、食卓に並べていたのです。セロリは、塩だけでそのまま味わうのが普通でした。最もスタイリッシュな食卓では、塩を入れるためのソルトセラーと呼ばれる器が個々のテーブルセッティングに置かれていました。

"ローリー流"ピクニック

『若草物語』のはじめのほうで、ローリーは彼を訪ねてきたイギリスの友人たちと一緒にボートを漕いで川を行き、牧草地でお昼を食べようとマーチ家の姉妹を誘います。ピクニックの朝、ベスはバーカー夫人——おそらくローレンス家の料理人——が「ふた付きのかごや大きなバスケットにランチを詰めている」様子を窓から見ています。

　このかごとバスケットの中をぜひとものぞいてみたいと思いませんか？　語り手は中身を教えてくれませんが、いくつか推測することはできます。ローリーは「メスルーム（mess room）」、すなわち食堂用のテントをひとつと、「キャンプの台所」用のテントをもうひとつ牧草地に設けていましたから、サンドイッチを食べていただけではないことは容易に想像がつきます。それに、ローリーを訪ねてきた友人たちは上流階級のイギリス人でした。ローリーのゲストと、彼が長年ヨーロッパで暮していたことを考えると、豪勢な英国式ピクニックが準備されていたと考えて間違いないでしょう。

　その場合、1861年にイギリスで出版された『Mrs. Beeton's Book of Household Management（ビートン夫人の家政書）』によると、ローストビーフ、ラム、鴨、ハム、タン、仔牛肉とハムのパイ、鳩のパイ、ロブスター、レタス、きゅうり、煮込んだ果物、果物のパイ、ブランマンジェ、生の果物、ビスケット、チーズ、スポンジケーキがローリーの陶器の皿にのっていた可能性が高いと思われます。

　ローリー流ピクニックの縮小版をするなら、次のレシピを選んでみてください。あなたのために料理をしてくれるバーカーさんのような人がいないのであればなおさらです。

- チーズとクラッカーの盛り合わせ
- スパイス貿易のデビルドエッグ（043ページ）
- ジョーのえびを使ったレリッシュ（037ページ）
- 昔ながらのテンダーロインローストビーフ（034ページ）
- ジョーのレタスサラダ（040ページ）
- パンの盛り合わせ
- ホットミルク・スポンジケーキ（095ページ）、ホイップクリームと季節の果物添え

ぶどうとアーモンド入り
チキンサラダ

「ロブスターが手に入らないから、今日はサラダなしでやってもらわないといけないな」30分ほどして帰ってきたマーチ氏があきらめ顔で静かに言った。

「それなら、きのうのチキンを使えばいいわ。サラダに入れるなら硬くても構わないでしょう」マーチ夫人が助言する。

「それ、ハンナが台所のテーブルにちょっと置いたすきに、子猫たちが取ってっちゃったの。ごめんなさい、エイミー」相変わらず猫の保護者をしているベスが言い添えた。

　エイミーが画家仲間のために企画したディナーパーティーはいくつかの困難にぶつかり、とりわけ姉妹がサラダにしようと目論んでいたチキンにベスの子猫が興味を持ってしまったとき、大きな打撃となります。エイミーが開いたような集まりにぴったりなシンプルなサラダのレシピをご紹介しましょう。ただし、子猫をチキンから遠ざけておいてくださいね！　チキンが硬くても大丈夫。このレシピのような、ローストしてから細切りにするやり方は、サラダのチキンをやわらかく保つためのすばらしい方法です。

 4人分

骨なし皮なしの鶏胸肉：567g
塩と挽いた黒こしょう：好みで
エクストラバージン・オリーブ油
エルボマカロニ（乾燥）：1カップ（105g）
種なし赤ぶどう：1カップ（50g）、半分に切っておく
セロリの茎：1本、薄く輪切りにする
赤玉ねぎ：小ぶりのもの½個、みじん切りにして約¼カップ（40g）
細切りアーモンド：大さじ3（20g）
マヨネーズ：大さじ5（74g）
乾燥タラゴン：小さじ½

1. オーブンを180度に予熱する。

2. 鶏胸肉に塩こしょうをし、はけでオリーブ油を薄く塗る。浅い耐熱皿に鶏肉を入れて約30分、料理用のデジタル温度計で肉の内部温度が77度になるまで焼く。鶏肉をまな板へ移し、手でさわれるくらいの温度になるまで冷ます。フォークを2本使って鶏肉をひと口サイズに裂く。

3. パッケージの指示どおりにマカロニをゆでたら、冷たい流水で洗い、水気をよく切っておく。

4. 大きめのボウルで鶏肉、マカロニ、ぶどう、セロリ、玉ねぎ、アーモンド、マヨネーズ、タラゴンを合わせる。ボウルを軽く揺すりながら、材料全体にマヨネーズがからまるように混ぜ合わせる。冷蔵庫で1〜2時間冷やし、味をなじませてからテーブルへ。

昔ながらの
テンダーロインローストビーフ

『若草物語』の時代、ローストした肉、とくに牛肉や豚肉のローストは日曜日のディナーのメニューによく登場しました。特別な日のメニューにシンプルなロースト肉では少しつまらないと思えるなら、当時の料理人はシンプルなローストをソースとレリッシュでドレスアップする方法を知っていたということをお忘れなく。下にヒントとなるアイデアをいくつかご紹介しています。

　ロースト用の牛肉の中でもいちばん高価でぜいたくなテンダーロイン（ヒレ肉）は、マーチ家よりもローレンス家の食卓に登場していた可能性が高いでしょう。豪華なディナーが必要となる特別な機会には、ぜひ奮発してこのローストビーフを出してみてください。

 4人分

ロースト用の牛ヒレ肉：1ブロック（900g〜1.1kg）、余分な脂肪を切り
　　落としておく
エクストラバージン・オリーブ油：大さじ1（15ml）
塩と挽いた黒こしょう
乾燥パセリ（フレーク）：大さじ1（1.3g）
市販の調味ずみホースラディッシュソース：食べるときに添える
メグのカラントゼリーソース（右ページ）：食べるときに添える

1. オーブンを220度に予熱する。

2. 肉全体にオリーブ油をすり込む。塩とこしょうをまんべんなく振り、パセリもまんべんなく、もみ込むようにまぶす。

3. 浅めのロースト用天板に肉を置き、オーブンのラックにセットする。オーブン対応の肉用温度計を用意し、先端が肉のいちばん厚みがある部分の中心まで届くように刺す。

4. ミディアムレアの状態（60度）になるまで40分ほど肉を焼く。カッティングボードに肉を移す。アルミホイルでふわっと覆い、そのまま15分置く（こうすることで肉汁が再び行き渡り、しっとりしたローストビーフになる）。

5. 肉を1.3cmほどの厚さにスライスする。ホースラディッシュとカラントゼリーソースを添えてテーブルへ。

ローストビーフ用レリッシュ

テンダーロインローストビーフにカラントゼリーソースとホースラディッシュの両方を添えることによって、甘さと辛さのコントラストが生まれます。もっとアイデアが欲しいですか？　下記のソースや薬味は1800年代にもローストビーフに添えられていたものですが、ローリーの時代と同様、今もおいしいローストビーフのお供になります。

- チリソース
- カラントゼリー
- キャベツの和え物（今風に言えばコールスロー）
- ピクルス
- 特製マスタード（調味ずみマスタードの古い言い方）
- クランベリーソース
- マンゴーチャツネ

メグのカラントゼリーソース

½カップ分
（肉料理に添えるには十分な分量）

「かわいそうな瓶詰めゼリーのことを笑ってしまって本当に悪かったね。許しておくれ。もう二度と笑わないよ!」

でもジョンは笑った。ああ、何百回笑ったことだろう。メグも笑った。そしてふたりとも、あれはこれまで作ったなかでいちばんおいしいゼリーだったと断言した。なぜなら、あの家庭用の小さな瓶のなかに家庭の平和が保存されることになったからだ。

　ジョン・ブルックと結婚したばかりのころ、メグはカラントゼリー作りに初挑戦するも失敗し、家庭内のこのちょっとした災難が、はじめて大きな夫婦げんかへと発展します。しかし、ふたりは仲直りをし、結局のところ、ゼリー作りの大失敗はお互いの愛情と理解を深めることになります。

　メグがカラントゼリー——あの時代、たびたび食卓にのぼった果物の砂糖煮（プリザーブ）——の瓶詰めをどっさり作りたいと思ったのもうなずけます。カラントゼリーは溶かして船形のソースボートに入れ、マトンや鹿肉に添えることが最も多かったのですが、ほかのロースト肉の付け合わせとしても出されていました。ディジョンマスタードをほんの少しと、塩こしょうを加えてみてください。これは復活させる価値のある習慣だとわかるでしょう。このソースはとくに、ローストポーク、ローストビーフ、ローストターキーとよく合います。

レッドカラント（赤すぐり）ゼリー：½瓶（170g）
ディジョンマスタード：大さじ1（11g）
塩：小さじ¼（1.5g）
挽いた黒こしょう：ひとつまみ

---

1. 小さめのソースパンにすべての材料を入れて混ぜ合わせる。中火にかけ、かき混ぜながらソースが沸騰してなめらかになるまで加熱する。

2. なべを火からおろし、粗熱を取る。小ぶりのピッチャーにゼリーソースを入れて温かいうちにテーブルへ出し、各自でかけてもらう。

『若草物語』の ディナーパーティー向けメニュー

- ホワイトチェダーなど、チーズとクラッカーの盛り合わせ
- 昔ながらのテンダーロインローストビーフ（左ページ）
- ガーデン・ポットパイ（053ページ）
- ジョーのレタスサラダ（040ページ）
- ピンクと白のアイスクリームデザート（103ページ）

改良版ジョーのコンビーフ

 4人分

「まあ、コンビーフは食べられるんだし、もしお腹がすいてるなら、パンにバター塗って食べてもらえばいいわ。ただ、午前中まるまる使ってやったことがふいになるなんて悔しいけど」ジョーはそう思いながら、いつもより30分以上遅れて鈴を鳴らした。そしてがっかりした様子で立ち尽くし、疲れた顔をほてらせ、ありとあらゆるエレガントなものに慣れきっているローリーの前に並んだごちそうを眺めた。

　ジョーがローリーのために開いた悲運のディナーの日、うまくいった料理といえば、コンビーフだけでした。これで、コンビーフ作りがいかに簡単かということがわかるでしょう！　うまく作るための唯一のこつは？　コーネリアス夫人（メグが頼りにしていた料理本の著者）によると、「コンビーフの出来映えは、時間をかけてことこと煮たかどうかでほぼ決まるそうです。このレシピはコーネリアス夫人の良きアドバイスに従ったもの。シンプルなソースは、塩味の肉料理に果物の砂糖煮を添える習慣を思い出させます。

牛肩バラ肉（ブリスケット）の塩漬け（コンビーフ）：1ブロック
　　（1360g）、骨なし、スパイス付きのもの
アプリコットの砂糖煮（プリザーブ）：½カップ（160g）
ディジョンマスタード：大さじ2（22g）

＊ブリスケット・コンビーフは通販で購入可能。スパイスがついていない場合は市販のピクルス用スパイス（黒こしょう、オールスパイス、ベイリーフ、マスタードシード、コリアンダー、クローブなど）で代用可能。コンビーフが手に入らない場合は、調味液（水1Lに対して塩100〜140g、塩の半量〜同量のブラウンシュガー、スパイスをなべでひと煮立ちさせ、粗熱を取ってから冷蔵庫で冷やしたもの）に肉を浸し、空気に触れないようにして冷蔵庫で3〜10日漬け込んでください。

1. オーブンを180度に予熱する。

2. 肉全体に付属のスパイスをまぶす（すでにスパイスがすり込んである場合はこの手順を省く）。

3. オーブン対応のダッチオーブンに脂身がある面を上にして肉を入れ、ひたひたになるくらい水を加える。なべを強火の中火にかけ、沸騰寸前まで加熱する。なべにふたをしてオーブンに移す。肉がやわらかくなるまで約2時間半煮込む。

4. 肉が仕上がる直前にソースを作る。小ぶりのソースパンにプリザーブとマスタードを入れ、中火にかける。かき混ぜながら加熱し、ソースがなめらかになって沸騰してきたら火を止める。なべを火からおろし、冷めないようにふたをしておく。

5. ダッチオーブンから肉を取り出し、水気をしっかり切る。表面の脂身を切り落とし、繊維を横切るように肉をスライスする。料理をテーブルに出し、アプリコット・マスタードソースを各自でかけてもらう。

ジョーのコンビーフ・ディナー向け　メニュー

ジョーのえびを使ったレリッシュ

「あら、コンビーフがあるし、じゃがいももたくさんあるでしょう。それに、ハンナが言う"前菜"用にアスパラガスとロブスターを買ってくるわ」——ジョー

　現代の読者にとって、貧しいマーチ家がローリーとのディナー用にロブスターを調達しようとするのは奇妙に思えるかもしれません。しかし、ジョーが暮らしていたニューイングランドでは、ロブスターは豊富に捕れる安価なシーフードでした。お金持ちは召使にロブスターを食べさせ、貧しい人たちも自分で買って食べていたのです。実際、物語の後半でエイミーが絵画クラスのパーティー用に意を決してロブスターを買いに出かけますが、かくも上品さに欠ける食べ物を持って帰宅する途中でローリーの友人に会ってしまい、最初は恥ずかしさを覚えます。しかしそこはエイミー、こんな状況でもその若者を魅了したことは言うまでもありません。

『The American Frugal Housewife（アメリカの倹約主婦）』など、この時代に出版された料理本では、ロブスターをサラダにするレシピがよく紹介されていましたが、ここではジョーにならって、えび類を一種のレ

約1カップ分
（6人分）

低脂肪タイプのクリームチーズ：57g
マヨネーズ：大さじ1(14g)
シーフードカクテルソース：小さじ1½
レモンの絞り汁：小さじ1(5ml)
赤玉ねぎのみじん切り：大さじ2(20g)
細かく刻んだ生のチャイブ：小さじ2
ゆでたロブスターの身、もしくはゆでて殻をむき、背わたを取ったえび：刻んだもの1カップ(170g)（下記参照）
塩と挽いた黒こしょう：好みで
クラッカーの盛り合わせ：食べるときに添える

リッシュに変身させ、クラッカーに塗って食べるレシピをご紹介します。ロブスターの身が簡単に手に入らない場合——あるいは単に料理をする気にならない場合——調理ずみのえびを使えばもっと手軽に（それでも、とてもおいしい）レリッシュを作ることができます。

---

1. 中速の電動ミキサーでクリームチーズがふんわりするまで数秒間、撹拌する。そこへマヨネーズ、カクテルソース、レモンの絞り汁を加え、今度は低速で撹拌する。

2. 赤玉ねぎ、チャイブ、ロブスターもしくはえびを加えてかき混ぜ、塩とこしょうで味をととのえる。器に移し、ふたをして2時間以上冷やす。クラッカーを添えてテーブルへ。

ロブスターの準備：8オンス(226g)のロブスターテール［頭部を取り除いたもの］2尾を、冷凍の場合、冷蔵庫で解凍する。大きめのソースパン

に水を入れ（ロブスターがかぶるくらい）、火にかける。沸騰したらロブスターを入れて火を弱め、殻が赤く色づき、火が通って身がやわらかくなるまで8〜12分、湯を沸騰させないようにしながらゆでる。ゆであがったら水を切り、手でさわれるようになるまで20分ほど冷ます。殻から身をはずし、1.3cm角に切る。料理に使う前にペーパータオルで軽く押さえて水気を取っておく。

えびの準備：調理ずみのえびは冷凍、冷蔵ともに、いろいろなところで入手可能。背わたが取ってある調理ずみのむきえびを170g、冷凍であれば冷蔵庫で解凍し、1.3cm角に切る。料理に使う前にペーパータオルで軽く押さえて水気を取っておく。

改良版ジョーのアスパラガス

4人分

アスパラガスは1時間もゆでたがため、先っぽはくたくた、茎はかえって硬くなってしまい、ジョーは悲しくなった。

かわいそうなジョー！ ローリーにディナーを作ってあげようとやる気満々でしたが、何をやってもうまくいきませんでした。アスパラガスもそのひとつ。ゆでる時間があまりにも長すぎたのです。もしも「あるアメリカ人女性」によって書かれた当時のもうひとつの料理本、『The American Home Cook Book(アメリカの家庭料理の本)』を参考にしていたら、ジョーももうちょっと健闘できたでしょう。この本では、アスパラガスのゆで時間を15分から20分としています。

ただ、今日の基準では15分でも長すぎます！ しゃきっとした食感を残しつつやわらかく、スプリンググリーンのアスパラガスを最高に楽しむには、ゆで時間はわずか3〜5分でいいのです。そして、茎の繊維が多い部分は必ず取り除いてください。ジョーのアスパラガスが硬くなってしまった原因は、繊維質の部分が残っていたことにありそうです。このレシピでは、アスパラガスの適切なゆで方をご紹介します。

アスパラガス:454g
塩と挽いた黒こしょう:好みで
無塩バター:大さじ2(28g)、溶かしておく
細かく刻んだ生のチャイブ:大さじ1(3g)

1. アスパラガスは1本ずつ根元を曲げ、硬い繊維質の部分をぽきっと折る。

2. 直径25cmの深底フライパンにアスパラガスを入れる。ひたひたになるくらい水を注ぎ、塩を加える。フライパンを火にかけ、沸騰してきたらふたをして火を弱め、静かに沸騰している状態で、しゃきっとした食感を残しつつやわらかくなるまで3分ほどゆでる。ざるに上げ、しっかり水を切る。

3. 温かいアスパラガスを大皿に盛りつける。溶かしたバターをかけ、生のチャイブを散らす。お好みで黒こしょう。

マーチ家のようにおもてなしする

『若草物語』では、お客さまのために料理を作り、おもてなしをするということについて多くを学べます。

　　ローリーのために開いたディナーパーティーがつまずきの連続で終わったとき——アスパラガスは硬くなり、じゃがいもは生煮え、ロブスターは貧弱で、果物には（砂糖ではなく）塩を振ってしまい、甘いクリームは酸っぱくなっていました——ジョーはこの集まりを台無しにすることなくすべてを笑い飛ばし、おかげで家族とゲストは「バター付きパンとオリーブと愉快な大笑い」でディナーを締めくくることができました。

　　第2部ではエイミーが絵画クラスの裕福な女の子たちを招いて昼食会を開くため、自分のお金を使って大変な苦労をします。当日、来てくれたのが（行くと返事をしていた約12人のうち）エリオット嬢ただひとりとわかったとき、エイミーは大きな失望をうまく隠し、「落ち着き払った様子で、たったひとりのお客さまに心から楽しげに接し」、ほかの家族もそれぞれの役割を演じます。最後に、エリオット嬢はマーチ一家を「とてもおもしろい人たちだ」と思います。というのも「みんなが陽気な笑いにとりつかれ、それをどうすることもできなかった」からです。

　　今度、料理がうまくいかなかったり、主催したパーティーが思いどおりに進まなかったりしたときは、ジョーとエイミーのことを思い出してください。あまり重く考えず、気持ちを切り替えましょう。そして失望に直面しても、自分にできる限り、最高の時間をみんなに提供してください。

ジョーのレタスサラダ

 4人分

「レタスも買ってサラダを作ろう。作り方は知らないけど、本を見ればわかるでしょう」——ジョー

　ローリーとのディナーパーティーにサラダを作ろうと思い立ったとき、ジョーが見た料理本には、ゆで卵の黄身、水、油、塩、粉砂糖、「特製マスタード」(すなわち、粉末のマスタードではなく、瓶詰めの調味ずみマスタード)、酢で作るドレッシングを添えて出すサラダのレシピが紹介されていたと思われます。昔ながらのビネグレットソースによく似ていますが、卵の黄身のこくが加わったこのドレッシング(あるいはそのバリエーション)は、当時サラダを仕上げる最も一般的な方法のひとつでした。

　こんなシンプルなドレッシングをかけた野菜サラダなんておもしろみがない、と思えるなら、マイルドなレタスに加えて、からし菜、クレソン、ソレルなど、辛味がある、あるいはぴりっとした風味のある野菜を使うよう明記している料理本があったことも覚えておいてください。ルッコラは、ルイーザ・メイ・オールコットの時代には珍しかったものの、独特の風味がある野菜サラダを作るには手に入りやすい、現代的な選択肢となるでしょう。ルッコラとレタスを合わせ、ピリッとしたこくのあるドレッシングを添えれば、サラダはシチューやロースト料理、蒸し煮、スープの刺激的かつさわやかな付け合わせになります。

固ゆでした卵の黄身:大きめのもの1個
塩:小さじ¼(1.5g)
挽いた黒こしょう:ひとつまみ
カイエンペッパー:ひとつまみ
エクストラバージン・オリーブ油:大さじ3 (45ml)
りんご酢もしくは白ワインビネガー:大さじ1(15ml)
ディジョンマスタード:小さじ1(4g)
粉砂糖:小さじ½(1.5g)、もしくはグラニュー糖を小さじ¼(1g)
バターヘッドレタス(サラダ菜やビップレタス)[葉がやわらかで巻きがゆるいタイプのレタス]:1玉、一口サイズに切っておく
ベビールッコラ:2カップ(40g)

---

1. 小さめのボウルにゆで卵の黄身、塩、黒こしょう、カイエンペッパーを入れ、フォークの背で黄身をつぶす。オリーブ油、酢、ディジョンマスタード、砂糖を加え、なめらかになるまで泡立て器で混ぜ合わせる。

2. サラダボウルにレタスとルッコラを入れて軽く混ぜ合わせたら、4枚のサラダ皿に分けて盛る。皿ごとにドレッシングをかけてテーブルへ(メモ参照)。

メモ:サラダとドレッシングを混ぜ合わせたくなっても、やめておきましょう。ゆで卵の黄身が入ることで普通のビネグレットソースよりも重ためのドレッシングになるため、混ぜるのではなく、レタスにかけるのがベスト。

りんごの果樹園でのピクニック

『若草物語』は、りんご狩りの楽しいピクニックの場面で終わります。この日は母さまの60歳の誕生日でもあります。ピクニックは手に負えないほどの大騒ぎに。メグとジョーの息子たちは林の中で遊び回り、アップルターンオーバーやクッキーをあちこちに投げたりしています。片や小さな女の子たちはティーパーティーごっこをしています。そのあいだ、母さまと娘たちは、自らの人生の歩みと、互いの愛情の中で分かち合ってきた深い喜びを振り返ります。

　これは、ローリーが開いたボート遊びの集まりとはだいぶ違ったピクニックだったでしょう。当時、アメリカのピクニック料理はとてもシンプルなものでした。実のところ、ピクニック向けのメニューを紹介している料理本はごくわずかで、1866年の料理本には、サンドイッチ、オリーブ、ピクルス、ベイクドビーンズ、ケーキがピクニックで人気のある代表的な食べ物としてのっているだけです。

　しかし『若草物語』の最後の場面が示すように、最もシンプルなピクニックが最高のピクニックになることもあるのです。大好きな人たちに囲まれていればなおさらでしょう。いちばん近い家族や友人、あるいはもっと親しくなりたいと思っている人たちを集めて、マーチ家流のこんなピクニックメニューを楽しんでください。

- チーズとバターとセロリのサンドイッチ（030ページ）
- ローストビーフのピクニックサンドイッチ（029ページ）
- ベイクドビーンズ
- オリーブとピクルス各種
- アップルターンオーバー（098ページ）
- ベア先生のチョコレートドロップ付きバニラバタークッキー（075ページ）

スパイス貿易のデビルドエッグ

「[おじいさまは]自分と同じように、ぼくにもインド貿易をやらせたいと思ってるんだ。そんなことやらされるくらいなら、撃たれて死んだほうがましさ。お茶だの、絹だの、スパイスだの、おじいさまの船が運んでくるつまらないものはどれもこれも大嫌いだし、船がぼくのものになったら、あんなのいつ沈んだって構わないね」
──ローリー

このデビルドエッグは、1869年に出版された料理本にのっていたレシピをヒントにしています。材料のリストにチャツネとシラチャーソース[タイの地名にちなんだチリソース]があることに驚きましたか？実は、当時エキゾチックなスパイスはよく知られていたのです。実際、マサチューセッツ州のセーレムはスパイス貿易の重要な拠点となっており、船は中国、東インド諸島、インドからスパイスを調達するため、この港から出航していきました。

ローリーは大のスパイス好きではなかったかもしれませんが、当時の料理人はスパイスを使っていました。1869年のデビルドエッグのレシピで、とくに欠かせなかったのはチャツネソースですが、レシピには「チャツネソースがない場合はチリビネガーを使ってもよい」とあります。

 12個分

大きめの固ゆで卵：6個、殻をむいておく
マヨネーズ：大さじ2(28g)
シラチャーソース：大さじ1(15g)
塩と挽いた黒こしょう：好みで
チャツネ：大さじ1(15g)
パプリカパウダー：飾りとして
細かく切った生のイタリアンパセリもしくはチャイブ：飾りとして

それから1世紀以上を経て、ようやくシラチャーソースが登場しますが、非常に現代的なこのソースは唐辛子と酢で味つけされており、もとのレシピに書かれていた「チリビネガー」の代わりにぴったりです。ピクニックや持ち寄りパーティー（ポトラック）で、スパイスを効かせたデビルドエッグを出してみましょう。18世紀後半のスタイルで、ドレッシングをかけたレタスの上に盛りつければ、満足のいくサラダとなります。その場合、ジョーのレタスサラダ(040ページ)がお役に立つでしょう。

1. ゆで卵を縦半分に切り、黄身を取り出して小さめのボウルに入れる。白身はデビルドエッグ用の皿に並べる(平らな皿の上で転がらないように、半分に切った卵の底をごく薄く切り取っておく)。

2. フォークで黄身をつぶす。マヨネーズ、シラチャーソースを入れてかき混ぜ、塩とこしょうで味をととのえる。混ぜ合わせたものをスプーンですくって白身のくぼみにそっと盛りつける。それぞれの卵に小さじ¼ほどチャツネをのせ、パプリカパウダーと細かく切った生のパセリを散らしてテーブルへ。

MEG   JO   BETH   AMY

第 3 章

マーチ家の
ディナーとサパー

「本当に感謝したの。小さな娘たちのために、

体にいいものを作るという意欲だけでなく、

その能力を持ち合わせていたことにね」、

『若草物語』のなかで、母さまは娘たちにそう語ります。

そしてこの章ではまさにそのようなレシピ——

母さまやハンナや新婚のメグが家族を喜ばせ、

はぐくむために愛情を込めて食卓に並べたであろう

シンプルな普段のレシピをご紹介します。

アップルオーチャード・チキン

4人分

「本がどっさりたまってるから、あの古いりんごの木の枝に腰かけて読書をしながら、貴重な時間を有効に使うつもり」――ジョー

　ジョーのいちばんの好物はよくわかりませんが、彼女はりんごを食べたり(第3章では、ある日の午後、りんごを4つも平らげています)、りんごの木の枝に座って大好きな本を読んだりしています。このレシピでは、ジョーやりんご好きの家族なら楽しんでくれること間違いなしの、りんごとりんごジュースを使ったクリーミーでほんのり甘いメインディッシュを作ります。

骨なし皮なしの鶏胸肉:薄切り4枚(約570g)
塩と挽いた黒こしょう:好みで
万能小麦粉:¼カップ(31g)
サラダ油:大さじ2(30ml)
エシャロットのみじん切り:1本分(約¼カップ[40g])
減塩タイプのチキンブイヨン:½カップ(118ml)
りんごジュース:¾カップ(177ml)
りんご酢:大さじ1(15ml)
りんご:紅玉など小ぶりのもの2個、芯を取り、6mm幅にスライスする
細かく切った生のタイム:小さじ1(1g)、もしくはつぶした乾燥タイム、小さじ¼(0.5g)
乳脂肪36%以上の生クリーム:½カップ(118ml)
細かく切った生のイタリアンパセリ:大さじ2(8g)

1. 鶏肉の両面に塩こしょうをする。小麦粉をまぶし、はたいて余分な粉を落とす。

2. 大きめのフライパンにサラダ油を入れ、強めの中火で熱する。鶏肉を入れ、両面に焼き色がついて肉に火が通る(内部温度が77度になる)まで6～8分(1度ひっくり返して)加熱する。鶏肉を大皿に移し、冷めないようにふんわりアルミホイルをかけておく。

3. フライパンに残っている油にエシャロットを加え、強めの中火でしんなりするまで1分ほど炒める。いったん火を止め、はねないように注意しながらチキンブイヨン、りんごジュース、りんご酢を加える。再び中火にかけて沸騰させ、泡立て器でかき混ぜながらフライパンの底についた焦げをこそげ落とす。

4. りんごとタイムを加えて沸騰させ、ときどきかき混ぜながら、分量が½カップ(120ml)程度になるまで5分ほど煮詰める。

5. 生クリームを加えてかき混ぜ、ソースにとろみがついて、りんごが歯ごたえを残しつつつやわらかくなるまで、静かに沸騰させながら、さらに3分ほど火を通す。4枚のディナープレートに2の鶏肉を1枚ずつ盛りつける。その上にスプーンでソースをかけ、りんごを並べ、パセリを散らしてテーブルへ。

オーチャード・ハウス

『若草物語』を読むと、りんごやりんごの木がたびたび登場することに気づくでしょう。たとえば、第3章でメグが大みそかのダンスパーティーに着ていくドレスについてあれこれ気をもむなか、ジョーはそんな心配をするより読書がいいとばかりに、本を読みながらりんごを4個も平らげてしまいます。ジョーはまた、暖かい季節にはりんごの木の枝に座って読書を楽しみます。そして、喜びに満ちた物語の最後の場面、あのりんご狩りのピクニックは、もちろんりんごの果樹園で行われます。

どうしてこんなにりんごばかりなのでしょう？　ルイーザ・メイ・オールコットが25歳になった1857年、一家は敷地内にりんごの木を40本有する果樹園がある家に移り住みます。りんごは完全食と信じる父親、ブロンソン・オールコットはこの家をオーチャード・ハウスと名づけました。1868年、ルイーザはオーチャード・ハウスで暮らしていたときに自分の部屋で、父親が作った机に向かって『若草物語』を書いたのでしょう。オーチャード・ハウスとその背景は、ルイーザが描くマーチ家の居心地のいい家のモデルとなったのです。物語のいたるところにりんごが登場するのも何ら不思議はありませんよね。

現在、マサチューセッツ州コンコードにあるルイーザ・メイ・オールコットのオーチャード・ハウスは見学用に公開されており、『若草物語』のファンを楽しませています（010〜011ページを参照）。みなさんも訪れる機会に恵まれたら、いろいろあるなかでもとくに、ルイーザ・メイ・オールコットが家族のために買ったブリキのスパイスチェストやソープストーンのシンクなど、正真正銘19世紀のキッチンを実際に目にすることでしょう。そして、『若草物語』に登場する料理が、このこじんまりしたキッチンで作られていた様子を容易に想像することができるはずです。

メグのチキンとマカロニのスープ

 軽めのメインディッシュとして4人分

間もなくベスは1日中、書斎のソファーに横になって、はじめのうちはお気に入りの猫たちと遊び、やがて人形の服を縫ったりして楽しく過ごせるようになった。(中略)メグはいそいそと白い手をよごしたり、やけどしたりしながら、"いとしい妹"のためにおいしい食事(メス)をこしらえている。

「メス(mess)」は煮炊きした料理を指す古い言い方で、メグはベスが病気だったあいだ、妹のために喜んでおいしい「メス」を作っていました。家族が「病室」にいると、19世紀の多くの料理人は忙しくなりました。実際、当時の料理本には、病人向けの料理のこつをのせているものがありましたし、そのための章を設けている本もありました。レシピとしては、やわらかい薄がゆ(普通は穀物を煮て作る薄い流動食)のほか、肉や魚や野菜を煮出したスープ、プディング、煮込んだ果物、病人でも食べやすいゼリー状の甘くない食べ物などが挙げられます。

今は、仔牛の足とミルクで作った体力回復ドリンクを持っていってあげたからといって、具合の悪い人があなたを愛してくれるとは限りません。でも、この「おいしい食事(メス)」——当時人気のあったスープヌードルのバリエーションであるマカロニ入りのチキンヌードルスープを持っていってあげれば、とても感謝されるかもしれません。

減塩タイプのチキンブイヨン:6カップ(1.4L)
にんじん:1本、皮をむいてみじん切りにする
セロリの茎:2本、みじん切りにする
玉ねぎ:小ぶりのもの1個、みじん切りにする
エルボマカロニ(乾燥):¾カップ(75g)
調理ずみの鶏肉:細かく刻むか細切りにして1½カップ(210g)
細かく切った生のイタリアンパセリ:大さじ1(4g)
レモンの絞り汁:大さじ1(15ml)
塩と挽いた黒こしょう:好みで

1. スープなべかダッチオーブンにチキンブイヨン、にんじん、セロリ、玉ねぎを入れる。強めの中火で沸騰させてからマカロニを加える。マカロニがやわらかくなるまで8分ほど煮る。

2. 鶏肉、パセリ、レモンの絞り汁を加えてひと煮立ちさせ、火を止める。塩とこしょうで味をととのえ、スープ皿に注いでテーブルへ。

ニューイングランド風
たらのオーブン焼き

　ルイーザ・メイ・オールコットの時代、ニューイングランドでは、たら漁が活況を呈していました。経済的に苦しかったマーチ家にとって、淡泊でおいしいこの魚は、高価な肉に代わる安価な食べ物として役立っていたことでしょう。当時の料理本には、パン粉、塩、こしょう、パセリ、玉ねぎ、バターを混ぜたものを魚の腹に詰め、針と糸で元どおりに縫うという料理法がよくのっていました。ここでは同じような材料で針と糸は使わず、たら料理を提供するずっと簡単な方法をご紹介します。

　お好みでタルタルソースを添えてください（下記のレシピを参照）。手本にしたのは1850年に出された料理本のレシピで、"フレンチ"マスタード（現在のディジョンマスタード）を含め、ここで紹介するレシピとほぼ同じ材料が記されていますが、マヨネーズではなく、自家製の固ゆで卵入りドレッシングを使います。これは最高のタルタルソースになるかもしれませんよ。

 4人分

塩味のクラッカー：20枚、もしくはオイスタークラッカー[小さな円形のクラッカー]1カップ（72g）

無塩バター：大さじ4（55g）、溶かしておく

細かく切った生のイタリアンパセリ：大さじ3（12g）

玉ねぎのみじん切り：大さじ2（20g）

塩と挽いた黒こしょう

真だら、もしくは小だらの切り身：（厚みが2cm程度のもの）4切れ（170g）

自家製（下記のレシピ参照）もしくは市販のタルタルソース：食べるときに添える

くし形切りにしたレモン：食べるときに添える

---

1. オーブンを220度に予熱する。

2. ジッパー付きの丈夫なポリ袋にクラッカーを入れ、空気を抜いてからジッパーを閉める。袋の上からめん棒を前後に転がし、クラッカーを細かく砕く。

3. 砕いたクラッカーを小さめのボウルに移し、溶かしたバター、パセリ、玉ねぎ、黒こしょうひとつまみを加えてよく混ぜ合わせる。

4. 魚を重ねずに並べられる大きさの浅い耐熱皿の底に油を塗る。魚に1切れずつ塩とこしょうを少量振る。耐熱皿に魚を並べ、3のクラッカーを4等分して均等に広げ、軽く押さえて密着させる。

5. オーブンに入れ、身が全体的に白っぽく不透明になり、ひとつにフォークを刺してみて、簡単にほぐれるようになるまで8〜12分焼く。タルタルソースとレモンを添えてテーブルへ。

1850年風タルタルソース：マヨネーズ½カップ（115g）、水気を切ってみじん切りにしたコルニション（酸味が強い小ぶりのフレンチピクルス）大さじ3（27g）、みじん切りにしたエシャロット1本分（約大さじ2［20g]）、細かく切った生のイタリアンパセリ大さじ2（2.5g）、ディジョンマスタード小さじ2、水気を切ってみじん切りにしたケイパー小さじ2、白ワインビネガー小さじ1、乾燥タラゴン小さじ⅓、カイエンペッパーひとつまみ、塩と黒こしょう（好みで）をボウルに入れ、下からすくうようにそっと混ぜ合わせる。ふたをして、食べる前に冷蔵庫で1時間以上冷やす。これで約1カップ分（250g）。

ニューイングランド風
フィッシュチャウダー

「チャウダー」といえば、大半のアメリカ人はすぐにクラム[はまぐりやあ
さりなどの二枚貝]を思い浮かべます。しかし1800年代の半ばには、クラ
ムチャウダーよりも魚のチャウダーのレシピをのせている料理本の
ほうが多かったのです。ほとんどの場合、材料は塩漬けの豚肉(ベー
コンの親戚)、玉ねぎ、たらや小だらなどで、必ずというわけではあり
ませんが、じゃがいも、牛乳もしくは生クリームが入ることもありまし
た。当時、たらは安価で豊富に手に入ったため、おそらくマーチ家も
ときどき、このような魚のチャウダーをディナーで楽しんでいたことで
しょう。

 4人分

厚切りのベーコン:2切れ
バター:必要に応じて
セロリの茎:1本、みじん切りにする
にんじん:1本、皮をむき、さいの目切りにする
玉ねぎ:小ぶりのもの1個、みじん切りにして約½カップ(80g)
にんにく:2かけ、みじん切りにする
乾燥タイム:つぶしたものを小さじ½(1g)
減塩タイプのチキンブイヨン:1½カップ(355ml)
じゃがいも:2個、皮をむいて角切りにする(約2カップ[220g])
塩と挽いた黒こしょう:好みで
低脂肪牛乳もしくは牛乳:2½カップ(595ml)、2カップと½カップに
　　分けておく
万能小麦粉:大さじ2(15g)
真だら、もしくは小だらの切り身:340g
細かく切った生のイタリアンパセリもしくはチャイブ

1. ダッチオーブンにベーコンを入れ、中火でカリカリになるまで焼
   く。ベーコンをペーパータオルに移し、脂を切っておく。なべに
   ベーコンの脂を大さじ2杯分(30ml)残し、足りない場合はバターを
   足す。セロリ、にんじん、玉ねぎを加え、焦がさないようにしなが
   ら、しんなりするまで4〜5分炒める。にんにくとタイムを加え、香り
   が立ってくるまでさらに30秒炒める。はねないように注意しながら
   チキンブイヨンを静かに加える。じゃがいもも加えて、塩とこしょう
   で味をととのえる。スープをひと煮立ちさせてから火を弱め、ふた
   をして、じゃがいもがやわらかくなるまで15分ほどことこと煮る。

2. ねじぶた式の瓶に牛乳½カップ(120ml)と小麦粉を入れる。ふたを
   して瓶を振り、だまがなくなるまでよく混ぜ合わせる。それをスープ
   に加えてかき混ぜ、残りの牛乳2カップ(475ml)も加えたら、沸騰し
   てくるまで、かき混ぜながら加熱する。

3. 魚の切り身を加え、火を弱めて静かに沸騰させる。なべにふたを
   し、魚の身がフォークで簡単にほぐれるようになるまで5〜7分、こ

とこと煮る。引き続きとろ火でスープを静かにかき混ぜながら、へ
らで魚の身をひと口大にほぐす。

4. 1のベーコンを細かく刻む。広口かつ浅めの器にスープを注ぎ、
   ベーコンと生のパセリもしくはチャイブを散らしてテーブルへ。

シンプルなチャウダーのサパー向けメニュー

ニューイングランド風フィッシュチャウダー(上記)
チーズとジャムのターンオーバー(021ページ)
ジョーのジンジャーブレッド(094ページ)

ガーデン・ポットパイ

あなたはベジタリアンですか？　もしそうなら、良き仲間がいます。ルイーザ・メイ・オールコットの父親、ブロンソン・オールコットは著名な教育家、哲学者、奴隷制に反対する活動家であり、菜食主義者（ベジタリアン）でもありました。実際、短命には終わったものの、1843年にフルートランズという共同体を設立しており、メンバーは動物性の製品を食べたり使ったりしないようにしていました。そう、ブロンソンはビーガン（完全菜食主義者）だったのです。もっとも、当時はまだそういう用語は作られていませんでしたけれど。ブロンソンは園芸家でもあり、このレシピはそれらの才能に敬意を表したもの（ただし、フルートランズで実践されていた厳格なビーガン食でないことは認めざるを得ませんが）。

当時よく使われていたピリッとした香味のあるハーブ、セイボリーで風味づけをしたこのポットパイは、ベジタリアンのお腹も、肉を食べる人たちのお腹も満足させるメインディッシュになります。サイドディッシュとしてロースト肉に添えてもいいでしょう。

メモ：「Better Than Bouillon（ベターザンブイヨン）」など、野菜ベースのブイヨンの素［ペースト状の濃縮タイプ］が手に入らない場合は、レシピの「水1カップ（235ml）」と「野菜ベースのブイヨンの素　小さじ1」の代わりにベジタブルブロス（ベジブロス、野菜だし）1カップ（235ml）を使っても

 6人前

無塩バター：大さじ3（42g）

玉ねぎのみじん切り：1カップ（160g）

セロリの茎：1本、薄切りにする（約½カップ[50g]）

ホワイトもしくはブラウン・マッシュルーム：226g、薄切りにする

ベビーポテト：454g、2～2.5cm大に切る（約3カップ）[小粒のメークインなど煮崩れしないタイプが望ましい]

万能小麦粉：¼カップ（31g）

水：1カップ（235ml）

野菜ベースのブイヨンの素：小さじ1（2g）（メモ参照）

牛乳：1カップ（235ml）

冷凍のグリーンピースとにんじん：2カップ（260g）、解凍しておく

乾燥セイボリー：つぶしたものを小さじ1½（1g）

塩と挽いた黒こしょう：好みで

冷凍パイシート：245g、パッケージの指示どおりに解凍する

卵：大きめのもの1個、大さじ1の水（15ml）を加えて溶きほぐしておく

構わない。[どちらも手に入らない場合は野菜コンソメの素などを利用するとよいでしょう]

---

1. オーブンを200度に予熱する。

2. 大型のフライパンもしくはダッチオーブンを中火にかけ、バターを溶かす。玉ねぎ、セロリを加え、ときどきかき混ぜながらしんなりするまで3～5分加熱する。マッシュルームとじゃがいもを加え、マッシュルームがしんなりしたあと、中から出てきた水分が蒸発するまで5分ほど炒める。

3. 中くらいのボウルに小麦粉を入れる。水と野菜ベースのブイヨンの素を静かに加え、なめらかになるまで泡立て器でかき混ぜる。牛乳を加え、混ぜ合わせる。それを2のフライパンに加えて火にかけ、少しとろみがついて、ふつふつ泡が立ち始めるまで2分ほどかき混ぜる。いったん火を止め、グリーンピース、にんじん、セイボリーを加えて混ぜ合わせ、塩とこしょうで味をととのえる。容量

2Lの耐熱皿に出来上がった具をスプーンで入れる。

4. 軽く打ち粉をした台に解凍したパイシートを広げ、めん棒を押したり転がしたりしながら、シートの折り目や（数枚を継ぎ足して使う場合は）継ぎ目をのばしていく。耐熱皿から少しはみだすくらいの大きさに生地をカットする。生地には数か所切れ目を入れておく。3の具に生地をかぶせ、端を耐熱皿の内側にたくし込む。生地に水溶き卵を塗る（全部使わなくても構わない）。

5. 具がめいっぱい入っている場合、焼いているあいだに吹きこぼれる汁の受け皿になるよう、縁のある天板に耐熱皿を置く。パイ生地がこんがりきつね色になり、耐熱皿の縁で具がぐつぐつ音を立てるまで25～30分焼く。焼き上がったらそのまま10分ほどおいてテーブルへ。

みんなのポットパイ!

　オールコット家の人々が生きた時代、いたるところに塩味のパイが登場し、パイ生地の下はほぼ何でもありの世界でした。当時の料理本では、とくに仔牛肉と鶏肉のポットパイが一般的でしたが、牛、七面鳥、がちょう、豚、ハム、うさぎ、仔羊、羊、乾燥りんごと塩漬け豚、鳩、タン、あさり、魚、鹿肉など「ありとあらゆる鳥獣肉」、さらにはテラピン(そう、亀です)までパイの具となったのです。

　1854年、ミス・レスリーは自身が記したレシピ本で、「献立」(つまりメニュー)の一部として、「簡単なディナー」のメインディッシュには、あさり、牛肉、ハム、うさぎ、豚肉とりんご、チキンのパイを出すとよいと勧めています。ミス・レスリーが言うところの「とてもかしこまった家族のディナー」や「お客さまがいるディナー」の場合、塩味のパイがテーブルにのぼるのは、ほかのメインディッシュ、とくにハムや魚の付け合わせにするときだけでした。

　今なら、サラダを添えたメインディッシュであれ、豪華なディナーのサイドディッシュであれ、ガーデン・ポットパイ(053ページ)をテーブルに出せば、この料理がもたらすぬくもりと満足感を家族にも友人にも味わってもらえるはずです。

メグのマカロニ・アンド・チーズ

 4人分

料理熱に浮かされているあいだ、[メグは]コーネリアス夫人の料理本をくまなく読み、まるで数学の練習問題に取り組むかのように根気強く、慎重に問題を解決した。ときには作りすぎてしまった見事な大ごちそうを食べきる手伝いをしてもらうため、実家の家族を招いたりしていた。

コーネリアス夫人が記した料理本にマカロニ・アンド・チーズのレシピがのっています。19世紀の料理本に登場する頻度から判断して、この料理は当時も今と同じくらい人気があったのでしょう。ここで紹介するレシピでは、コーネリアス夫人の指示に従って「古い」チーズ（057ページのコラム参照）を使います。そうすれば、香り高くバージョンアップしたマカロニ・アンド・チーズが出来上がりますよ。

エルボマカロニ(乾燥): 2カップ(210g)
無塩バター: 大さじ2(28g)
万能小麦粉: 大さじ2(15g)
低脂肪牛乳もしくは牛乳: 2½カップ(590ml)
チェダーチーズ: 細切りにしたもの3カップ(340g)、バーモントもしくはアイリッシュ・チェダーが望ましい
カイエンペッパー: 小さじ⅛(0.2g)

1. オーブンを180度に予熱する。

2. パッケージの指示どおりにマカロニをゆでる。ゆで汁を捨てて水気を良く切ったら、マカロニをなべに戻しておく。

3. マカロニをゆでているあいだにチーズソースを作る。中くらいのソースパンを中火にかけ、バターを溶かす。小麦粉を加え、なめらかなペースト状になるまで約30秒、よく炒める(焦がさないように注意する)。火にかけたままゆっくりと牛乳を注ぎ、よくかき混ぜる。

とろみがついて、ふつふつと泡が立ってきたら、チーズとカイエンペッパーを加え、チーズが溶けるまでよくかき混ぜる。マカロニが入っている2のなべにチーズソースを加えて混ぜ合わせる。それを容量2Lのキャセロール皿へ移す。

4. 全体に火が通り、ぐつぐつ音を立てるまで25分ほどオーブンで焼く。焼き上がったらそのまま5分ほどおいてテーブルへ。

昔ながらのマカロニ・アンド・チーズ

　メグがカラントゼリーを作るときに頼りにしたコーネリアス夫人の料理本は、当時、実際にあった料理本です。正式な書名は『The Young Housekeeper's Friend, or A Guide to Domestic Economy and Comfort（若き主婦の友：家計と家庭のやすらぎのための手引き書）』。この本の中に、マカロニ・アンド・チーズの「調理法(receipt)」（「レシピ(recipe)」の古い言い方）が書かれています。

　ただ、コーネリアス夫人の1846年のレシピでは、マカロニ・アンド・チーズの作り方は今と少し違っていました。まず、マカロニは「中に小さな虫がいることがあるので」、必ずよく調べるようにとあります。ありがたいことに、今はそのような問題は普通、起こりません（1度開封しても、しっかりふたができる容器に保管しておけば、とくに問題はありません）。

　マカロニ・アンド・チーズの表面に焼き色をつけるため、コーネリアス夫人はシャベルを真っ赤に熱し、皿の上にかざすよう読者にアドバイスしています！　今は、皿に覆いをせずオーブンに入れ、ぐつぐつ音を立てるようになるまで焼けばうまくいくでしょう。

　19世紀の料理本にはマカロニ・アンド・チーズのさまざまな「レシート」がのっていますが、その多くに共通しているのは、風味豊かなチーズを使うこと。グロスターやパルメザン、グリュイエールと具体的に書いてあるレシピもあれば、「古き良きチーズ(good old cheese)」、「上等な古いチーズ(fine old cheese)」、あるいはコーネリアス夫人のレシピのように、「古いチーズ(old cheese)」とだけ書かれている場合もあります。

　でも、これは冷蔵庫に長期間居座っているチーズを使いなさいということではありません。レシピが言及しているのは、チーズ職人によって熟成され、特別な風味が加わったチーズのことです。ですから、このレシピでは、あの時代の精神（および味）に合わせて、熟成チーズを使ってみてください。ただ、10歳未満の子どもたちのために作る場合はもっとまろやかなチーズが好まれるかもしれないので、アメリカンチーズ［アメリカ産のチェダーから製造するプロセスチーズ］、マイルドタイプのチェダーチーズ、コルビーチーズなどを使うとよいでしょう。

ハムのクリーム煮トーストのせ

 4人分

メグ、ジョー、ベス、エイミーの時代の料理人ならみな、バターが入ったクリーミーなホワイトソースの作り方を何種類か知っていたでしょう。当時の料理本には、ホワイトソースの活用法が満載されていました。最も一般的だったのは、家禽や魚のソースに使う方法ですが、仔牛肉、トライプ(何かは聞かないでください)[牛などの胃袋]、卵、牡蠣のほか、野菜、なかでもカリフラワーにかける方法もありました。

このレシピは「フリズルド・ビーフ」[カリカリに焼いた牛肉の意]という、当時、普段の食事によく出されていた料理にヒントを得ています。フリズルド・ビーフは調理ずみの牛肉——おそらく前日の夕食の残り——を利用し、それを薄切りにして作ります。牛肉は熱した油で炒めてからトーストにのせ、クリームソースをかけて出されていました。つまり、今のわたしたちがクリーム・チップド・ビーフ(燻製牛肉のクリームソース和え)と呼んでいる料理の元祖がこれなのです。

このレシピでは、フリズルド・ビーフの現代版代替品としてハムを使いますが、簡単な夕食メニューの選択肢として、ビーフと変わらず満足していただけるでしょう。

無塩バター:大さじ2(28g)

万能小麦粉:大さじ2(15g)

牛乳もしくは低脂肪牛乳:1½カップ(355ml)

刻んだスモークハム:2½カップ(375g)

ウスターソース:小さじ2(10g)

カイエンペッパー:ひとつまみ

挽いた黒こしょう:好みで

サンドイッチ用のパン:6枚

細かく切った生のイタリアンパセリ:大さじ2(8g)

1. 中くらいのソースパンを中火にかけ、バターを溶かす。小麦粉を加え、なめらかなペースト状になるまで約30秒、よく炒める(焦がさないように注意する)。火にかけたままゆっくりと牛乳を注ぎ、よくかき混ぜる。とろみがついて、ふつふつと泡が立ってきたら、さらに1分かき混ぜる。ハム、ウスターソース、カイエンペッパー、黒こしょうを加え、ふつふつと泡が立って、全体に火が通ったら、なべを火からおろし、冷めないようにふたをしておく。

2. パンをトーストし、1枚を4等分に切る。皿を4枚用意し、1皿につき6枚のトーストを重なり合うように1列に並べる。ハムのクリーム和えをスプーンですくってトーストにのせ、パセリを散らす。温かいうちにテーブルへ。

マーチ家の日曜の夕食 ^{サパー}

- ハムのクリーム煮トーストのせ(上記)
- さやいんげんのバター炒め
- いちごのシャーベット(104ページ)と、ベア先生のチョコレートドロップ付きバニラバタークッキー(075ページ)

モラセスとりんご酢入りの
ビーフシチュー

 4〜6人分

　ハンナがマーチ家のために肉入りのシチューをよく作っていたことは間違いないでしょう。当時も今と同様、おいしいシチューのレシピは、安価な肉の切り身を健康的な温かい食事に変身させる最良の方法のひとつでした。昔ながらのこのレシピには、マーチ家の食料棚にあったであろうふたつの調味料が欠かせません。それはモラセス（ジョーはモラセスが主役となるジンジャーブレッドケーキを作る達人でした）と、マーチ伯母さんの果樹園で採れるりんごから作られたと思われるりんご酢です。ふたつの材料は、冬にぴったりなこの料理で見事に融合しています。

シチュー用の牛肉：680g、2.5cm角に切る
塩：小さじ1(6g)
挽いた黒こしょう：小さじ½
万能小麦粉：大さじ2(15g)
サラダ油：大さじ2(30ml)
にんにく：2かけ、みじん切りにする
カットトマトの水煮缶：1缶(400g)
りんご酢：¼カップ(60ml)
モラセス（マイルドフレーバー）：¼カップ(60ml)
ジンジャーパウダー：小さじ½(0.7g)
冷凍のパールオニオン[極小種の玉ねぎ]：1カップ(50g)、解凍しておく[手に入らない場合はペコロスなど、小玉ねぎをあらかじめゆでておくとよいでしょう]
干しぶどう：⅓カップ(50g)
ゆでたてのパスタもしくはハンナのたたきつぶしたポテト(065ページ)：食べるときに添える

1. 角切りにした肉に塩とこしょうを振る。浅めの皿に小麦粉を入れる。その中で1度に数個ずつ、肉に粉をまぶし、余分な粉は振り落としておく。

2. ダッチオーブンを強めの中火にかけ、油を熱する。肉の半量を加え、全体に焼き色がつくまで5分ほど炒める。早く焦げてしまいそうであれば、火を中火に弱める。炒めた肉を皿へ移し、残りの肉も同じように炒める。

3. 火を止めてにんにくを加え、香りが立ってくるまで10秒ほど手早く炒める。トマトを汁ごと加え、りんご酢、モラセス、ジンジャーパウダーも加える。なべを再び中火にかけ、底についた焦げをこそげ落とすようにかき混ぜる。2の肉をなべに戻す。火を弱め、なべにふたをして肉がやわらかくなるまで1時間半から1時間45分、ことこと煮る。

4. パールオニオンと干しぶどうを加えてかき混ぜたら、ふたをして全体に火が通るまでさらに20分ほど煮込む。パスタかポテトを添えてテーブルへ。

ハンナのコテージパイ

 6人分

ハンナはメグが生まれたときからずっとこの家族と一緒に暮らしているので、使用人というより、みんなの友達と思われていた。

　ハンナはマーチ家の愛すべき一員です。ハンナはどこの出身なのでしょう？　アイルランドなまり丸出しで話すこと、メグが生まれた1840年代、実に多くのアイルランド人がアメリカへ移民してきたことを考えると、おそらくアイルランド人でしょう。イギリスとアイルランドの名物料理、味つけをした牛ひき肉にマッシュポテトをのせたおいしいコテージパイの作り方をきっと知っていたと思います。コテージパイは、羊飼いのパイのいとこ分にあたり、シェパードパイは伝統的に牛肉ではなくラム肉で作ります。

ハンナのたたきつぶしたポテト：4人分（065ページ）
チェダーチーズ：細切りにしたもの½カップ（57g）
サラダ油：大さじ1（15ml）
牛ひき肉（赤身90%以上）：680g
玉ねぎ：中くらいのもの1個、みじん切りにして約1カップ（160g）
にんにく：1片
塩：小さじ1（6g）
挽いた黒こしょう：¼ 小さじ
乾燥パセリ（フレーク）：大さじ1（1.3g）
万能小麦粉：大さじ2（15g）
トマトペースト：大さじ1（16g）
減塩タイプのビーフブイヨン：1 ½カップ（355ml）
ウスターソース：小さじ2（10g）
冷凍ミックスベジタブル：1 ½カップ（225g）、解凍しておく

1. 065ページの手順2まで、指示どおりにじゃがいもを準備する（手順3のバター大さじ2は省く）。じゃがいもをつぶしたらチーズを混ぜ合わせ、ふたをして置いておく。

2. オーブンを190度に予熱する。ダッチオーブンにサラダ油を入れ、煮立ってくるまで強めの中火で熱する。ひき肉と玉ねぎを加え、木べらでひき肉をほぐしながら、玉ねぎがしんなりして、ひき肉に焼き色がつくまで5分ほど炒める。にんにく、塩、こしょう、パセリを加え、さらに30秒ほど炒める。小麦粉を加え、30秒ほど炒める。

3. トマトペースト、ビーフブイヨン、ウスターソース、ミックスベジタブルを加え、沸騰させる。火を弱め、ときどきかき混ぜながら、液体にとろみがつくまで2分ほどとろ火で煮る。

4. 容量3Lの耐熱皿に3を入れる。1のマッシュポテトをその上にのせ、へらで均等に広げる。

5. 全体に火が通り、耐熱皿の縁で具がぐつぐつ音を立て始めるまで30分ほど焼く。焼き上がったらオーブンから皿を出し、10分ほどおいてからテーブルへ。

マーチ家の普段のディナー

🍃 ハンナのコテージパイ（上記）
🍃 ジョーのレタスサラダ（040ページ）
🍃 メープル・コーンミールのドロップビスケット（067ページ）
🍃 ブラックラズベリーのゼリーケーキ（097ページ）

ハンナのスモークソーセージと ポテト"メス"

　4人分

ハンナにちょっとしたおいしいもの(nice little mess)を作ってもらって、届けてあげなさいよ。——ジョー

　マーチ家の人々は、近くに住んでいる貧しいドイツ移民の家族、フンメル家によく食べ物を届けにいきます。「メス(mess)」は、調理した料理を指す昔の言い方で、ドイツ・ソーセージとボリュームたっぷりのじゃがいもがあれば、この「ちょっとしたおいしいもの」は、フンメル家の人たちをすっかりくつろいだ気分にさせたことでしょう。じゃがいもは、ハンナが当時の一般的な呼び名「スイートオイル」として認識していたであろうオリーブ油でローストします。

皮の赤いじゃがいも:680g、一口大に切っておく

塩と挽いた黒こしょう:好みで

エクストラバージン・オリーブ油:大さじ1½(22ml)

パプリカパウダー:小さじ¼、スモークしたタイプが望ましい

加熱ずみのドイツ風ビーフ・スモークソーセージ(クナックヴルストなど)もしくはポーランド風ソーセージ:340g、5cm大に切っておく

メグのカラントゼリーソース(035ページ)もしくはディジョンマスタードかブラウンマスタード:食べるときに添える

1. オーブンを220度に予熱する。

2. 縁のある大きめの天板にじゃがいもを並べる。塩こしょうをしてからオリーブ油をかけ、パプリカパウダーを振りかける。油が全体に行き渡るよう軽く混ぜたら、重ならないようにじゃがいもを並べ、10分焼く。

3. じゃがいもをかき混ぜてから天板の端に寄せ、真ん中にソーセージを並べる。じゃがいもがやわらかくなって縁に焦げ目がつき、ソーセージに火が通る(74度になる)までさらに20分ほど焼く。カラントゼリーソースかマスタードを添えてテーブルへ。

夕食は何?

『若草物語』の中で「お茶のベル」が鳴ると、それは家族を晩の食事に呼ぶ合図でしたが、物語全体を通じて、この晩の食事は「お茶」と見なされることもあれば、「夕食(サパー)」と見なされることもあります。

　ではマーチ家の人々はお茶／夕食に何を食べていたのでしょう?　あの時代、一般的に、晩の食事は非常に慎ましく軽いものでした。『若草物語』が世に出る10年ほど前の1856年に出版された『Cookery as It Should Be(しかるべき調理法)』には次のような「献立表」(メニュー)がのっていました。

- コーンブレッド、冷たいパン、薄切り肉、煮込んだ果物
- 冷たいパン、トースト、薄切りのタン、煮込んだ果物
- コーンブレッド、冷たいパン、フリズルド・ビーフ、煮込んだ果物
- コーンブレッド、冷たいパン、ラディッシュ、ハムサンドイッチ
- ミルクトースト、コーンブレッド、魚、果物の砂糖煮(プリザーブ)

　当時のお茶／夕食のメニューとしては、ほかにウェルシュレアビット[チーズに香辛料、牛乳、ビールなどを加えたソースをかけたトースト]、塩漬け(サウス)(ゆでてから揚げた豚の耳、足、頭などの部位で作る)、細切れ肉の料理、グリドルケーキ(15ページのそば粉のパンケーキ、016ページの"インディアンミール"のグリドルケーキなど)、カッテージチーズ、生の果物、魚の塩漬けもしくは燻製、軽めのケーキ(095ページのホットミルク・スポンジケーキ)などが挙げられます。当時の「冷たいパン(cold bread)」が何を意味したかは定かではありませんが、オーブンで焼きたてのパンではないということでしょう。文字どおり冷たいのではなく、室温のパンであった可能性が高いと思います。

ハンナのたたきつぶしたポテト

4人分

ジョーは、デイヴィス先生をすぐにでも逮捕すればいいといきまき、ハンナは「悪党」に向かってこぶしを振り上げ、まるでそいつがすりこぎの下にいるかのように、夕食用のじゃがいもをたたきつぶした。

　ハンナが料理に心血を注いでいたことは疑いの余地がありません。上記のシーンでは、学校にライムのピクルスを持ち込んだとして、エイミーが担任のデイヴィス先生から厳しく罰せられたことを知ったハンナがじゃがいもをこれでもかとたたきつぶします。物語の後半で、「母さま」が久しぶりに帰宅すると、ハンナは「ほかにこのうれしさを表す方法がどうしても見つからず」、その人のためにすばらしい朝食をどっさりと盛りつけます。ベスの病気が重くなると、「年老いたハンナは病人の気まぐれな食欲を引きだそうと、涙を落としながら、飽くことなくおいしい料理をこしらえた」のです。

　ハンナの自慢料理であったろう、おいしい「たたきつぶしたポテト」（すなわちマッシュポテト）のレシピをご紹介しましょう。ハンナはアイルランド系の可能性が高いので、このマッシュポテトでは、アイルランド料理によく添えられるスカリオン［わけぎや春玉ねぎに相当］を使います。このマッシュポテトは肉や家禽の蒸し煮やローストならどんな料理にも合う、すばらしい万能サイドディッシュになるでしょう。

ラセットポテト［男爵系のじゃがいも］：中くらいのもの4個（680〜907g）、皮をむいて4等分にする
塩：小さじ1（6g）
乳脂肪36％以上の生クリーム：¼カップ（60ml）
無塩バター：大さじ6（85g）を大さじ4（55g）と大さじ2（30g）に分けておく
スカリオン（わけぎ）：4本（白い部分と淡い緑色の部分のみ使用）、斜め小口切りにする
塩と黒こしょう：好みで

1. 大きめのソースパンにじゃがいもを入れたら塩を加え、ひたひたより2.5cmほど多く水を入れる。なべを火にかけ、沸騰したらふたをして約20分、ナイフを刺したときにじゃがいもが崩れるくらいやわらかくなるまでゆでる。

2. ゆで上がったじゃがいもはざるで水を切って置いておく。同じソースパンに生クリームとバター大さじ4（55g）、スカリオンを入れて中火にかけ、バターが溶けて、生クリームが温まるまで加熱する。なべを火からおろし、水を切っておいたじゃがいもを戻す。ハンドミキサーを中速にセットし、じゃがいもがなめらかになるまでかき混ぜる。塩とこしょうで味をととのえる。

3. じゃがいもをサービング・ボウルに移し、残りのバター大さじ2（30g）をトッピングして、冷めないうちにテーブルへ。

メープル・コーンミールの
ドロップビスケット

オムレツは焦げているし、ビスケットはふくらし粉でぶつぶつに
なっていた。

　ふくらし粉は、ビスケットがふくらみやすくなるよう、ジョーが使った
一種のベーキングパウダーです。母さまのためにビスケットを作るとき、残念ながら、ジョーは小麦粉とふくらし粉をよく混ぜ合わせるという重要なステップを忘れたに違いありません。このような手抜かりがあったため、苦味のあるふくらし粉があちこちに点々と目立つようになってしまったのでしょう。わたしたちが使っている現代のベーキングパウダーも同じように点々とまだらになってしまう可能性がありますので、粉類を合わせるときは、必ずしっかり混ぜ合わせるようにしてください。

　ほろっとした軽いビスケットを作るこつのひとつは、生地をいじりすぎないこと。おそらくハンナは、ビスケット生地を丸めてから、小さな丸い形にきちんと切り分けていたのでしょう。でも、（ジョーのように）料理の経験が浅い人は、大さじを使って生地を落としていくほうがうまくいきます。失敗なく簡単にビスケットを作るなら、ぜひこのやり方をしてみてください。

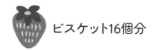 ビスケット16個分

万能小麦粉：1 ¾ カップ（220g）

イエローコーンミール：½ カップ＋大さじ2（90g）

砂糖：大さじ1（13g）

ベーキングパウダー：大さじ1（14g）

塩：小さじ½（3g）

クリームオブターター：小さじ½

冷たい無塩バター：大さじ3（42g）、1.3cm大にカットしておく

ショートニング：大さじ2（25g）、1.3cm大にカットしておく

バターミルク：¾ カップ（177ml）

メープルシロップ：¼ カップ（85g）

メープルバター（作り方は下記参照）：食べるときに添える

1. オーブンを230度に予熱する。縁のある天板に薄く油を塗る。

2. 大きめのボウルに小麦粉、コーンミール、砂糖、ベーキングパウダー、塩、クリームオブターターを入れ、よくかき混ぜる。

3. バターとショートニングを加える。パイブレンダーを使って、もしくはナイフを2本交差させるやり方でバターとショートニングを粉類に切り込み、粗い粒状になるまで混ぜ合わせる。

4. バターミルクとメープルシロップを加える。フォークで軽くかき混ぜながらすべての材料を混ぜ合わせ、やわらかな生地にまとめる。大さじを2本使い、生地をすくって準備しておいた天板に2.5cm間隔で落としていく。こんがりきつね色になるまで10分ほど焼く。温かいうちにメープルバターを添えてテーブルへ。

メープルバター：無塩バター大さじ8（112g）を30分ほど室温に置き、やわらかくなったらメープルシロップ大さじ2（42g）を混ぜ合わせる。

MEG

JO

BETH

AMY

第 **4** 章

甘いおやつ、デザート、飲み物

エイミーは友達に最高のフレンチチョコレートを出すと言ってきかず、
ベア先生は西部へ旅立つ前に、マーチ家の人々に思いがけず
たくさんの果物とナッツをプレゼントします。ジョーのおはこは
ジンジャーブレッドで、メグの切り札はブランマンジェ。そして物語の
最後の場面では、果樹園のいたるところにアップルターンオーバーとクッキーが
ひっくり返っています。そう、マーチ家とそのお仲間たちは、スイーツに
物惜しみはしません。ここでは、みなさんの友達や家族にも同じように
魅力的なスイーツをたっぷり楽しんでもらう方法をご紹介します。

甘いおやつ

デザート

飲み物

エイミーの"ライムピクルス" シュガークッキー

それから瞬く間に、エイミー・マーチがおいしいライムを24個も持っていて、みんなにごちそうするつもりらしいとの噂が「お仲間」のあいだに広まり、級友たちがあからさまにちやほやするようになった。ケイティ・ブラウンはその場で次のパーティーにエイミーを招待し、メアリ・キングズリーは休み時間まで腕時計を貸してあげると言ってきかなかった。

エイミーと友人たちが愛してやまないライムピクルスですが、果物の甘酸っぱい風味を楽しむには、このクッキーのほうが遊び心があって(それに酸っぱさ控えめで、食べやすい)いい方法だとわかるでしょう。

36個分

シュガークッキーミックス:496g(メモ参照)
無塩バター:大さじ1½(21g)、室温に20分おき、やわらかくしておく
粉砂糖:1½カップ(180g)
ライム絞り汁:小さじ4½(22ml)
すりおろしたライムの皮:小さじ1½(3g)
ピュア・バニラエキストラクト:小さじ½
牛乳:必要に応じて
食用色素(緑):好みで
ライムのフルーツゼリーキャンディー:小さなくし形にスライスしたものを36枚

1. パッケージの指示どおりにシュガークッキーを焼き、完全に冷ましておく。

2. ライムフロスティングを作る。中速の電動ミキサーでバターを数秒間、撹拌する。砂糖、ライムの絞り汁、ライムの皮、バニラエキストラクトを加え、なめらかになるまでさらにかき混ぜる。必要に応じて牛乳を小さじ1ずつ加え、クッキーに塗れるやわらかさにする。好みで食用色素を用いて薄く着色する(少量でもかなり色がつくので、ごく少量ずつ、様子を見ながら加える)。

3. 冷ましたクッキーにライムフロスティングを塗り、くし形のゼリーを1枚ずつトッピングする。保存する場合、クッキーのあいだにワックスペーパーをはさみ、密閉容器に入れて冷蔵庫で保存する(3日まで保存可能)。

メモ:最高の風味を楽しむなら、バターを使うクッキーミックスを使うこと。

どんなピクルス？

　エイミーの学校の女の子たちのあいだで「大流行」しているライムピクルス。これは単に（今のクロナッツ［クロワッサンとドーナツを融合させたペストリー］のような）ブームの食べ物というだけでなく、一種の通貨として利用され、「鉛筆や、ビーズの指輪や、紙人形」などと交換されています。エイミーのお仲間たちにとって、ライムピクルスはステータスシンボルでもあります。みんなに配れるライムをたくさん持っていれば、それだけ人気が（とにかくしばらくのあいだは）アップするというわけです。

　ライムピクルスとは具体的にどのようなものだったのでしょう？　1845年の料理本によると、これらのピクルスを作るには、まずライムを塩で処理し、1週間置いておきます。その後、ライムにターメリックをすり込み、にんにく、玉ねぎ、クローブ、生姜、酢、マスタードシードを合わせた液に漬け込んでいました。

　このようなものをだれもが、しかも女学生がありがたがっていたとは信じがたいことです。しかしエイミーによれば、女の子たちはみんなライムピクルスに夢中でした。エイミーは「今はひたすらライム。みんな授業中に机のかげでしゃぶってる」とメグに説明し、メグはライムピクルスを買うために必要なお金をエイミーに渡します。

　今の時代、ライムピクルスがみなさんから大いに称賛されるかどうかは疑わしいところ。『若草物語』のファンが楽しんでくれそうなものを友達にごちそうするなら、それよりもエイミーの"ライムピクルス"シュガークッキーのほうがいい方法かもしれません。

「嵐なんか怖くないわ。
自分の船の舵取りが
身についてきたところだから」

――エイミー

ベア先生の
チョコレートドロップ付き
バニラバタークッキー

デミは(中略)ドド[ジョーの愛称]が自分よりも"くまさん"と遊ぶほうが
いいのだとすぐに気づいてしまった。ただ、傷つきはしたものの、
その気持ちをぐっと押し隠した。というのも、ベストのポケットに
チョコレートドロップをどっさり入れているライバルに失礼なこと
をする気にはなれなかったからだ。

　ベア先生はマーチ家を訪ねるときは必ず、メグの子ども、デミとデ
イジーのために、当時人気のお菓子だったチョコレートドロップを持
参します。この昔ながらのお菓子は、今もスーパーマーケットのお菓
子売り場で目にすることができます。コーティングのない大きな
M&M'sといったところでしょうか。このレシピでは、当時、人気が
あったもうひとつのごちそう、バタークッキーにチョコレートドロップを
トッピングします。チョコレートとバタークッキーが大好きな人なら(好
きじゃない人なんていませんよね?)、デミがベア先生とお土産のチョコ
レートドロップを愛してやまなかったのと同様、このおやつが大好き
になるはずです。

 48個分

無塩バター:大さじ12(167g)、室温に20分おき、やわらかくしておく
砂糖:¾カップ(150g)
卵:大きめのもの1個
ピュア・バニラエキストラクト:小さじ1(5ml)
ベーキングパウダー:小さじ½
塩:小さじ¼(1.5g)
万能小麦粉:1¾ カップ(220g)
ドロップ形もしくは星形のチョコチップ:48個

1. 大きめのボウルにバターを入れ、中速の電動ミキサーでバターが
   ふんわりするまで30秒ほど撹拌する。砂糖、卵、バニラエキストラ
   クト、ベーキングパウダー、塩を加え、バターと混ざり合うまでさら
   に撹拌する。小麦粉を1カップ分(125g)加えてさらに撹拌し、残りの
   ¾カップ(95g)を加えたら、今度は木べらでかき混ぜる。生地を大
   きなボール状にまとめ、ラップに包んで冷蔵庫で1時間冷やす。

2. オーブンを190度に予熱する。

3. クッキー生地を直径2.5cmのボール状に丸め、油を塗っていない
   天板に5cm間隔で並べる。各クッキーの真ん中にチョコチップを
   ひとつずつのせ、チョコチップと周囲の生地が同じ高さになるよう
   平らに押しつぶす。

4. 生地の周囲に焼き色がつき始めるまで約8分、クッキーを焼く。そ
   のまま1分おいてから、薄手のパレットナイフなどを使ってクッキー
   をケーキクーラーに移し、完全に冷ます。保存する場合、密閉容
   器にクッキーを重ねて入れ、各層のあいだにワックスペーパーを
   はさんでおく。室温なら3日、冷凍なら1か月保存可能。

ボンボン・アンド・モットー

ローリーは小さなテーブルを引っ張ってきて、ジョーのためにもう
一度コーヒーとアイスクリームを持ってきてくれた。それは親切
にお世話をしてくれるので、やかまし屋のメグさえ「いい子ね」と
言ったほどだ。3人はボンボン・アンド・モットーを食べたり読んだ
りしながら楽しいひとときを過ごした。

　メグとジョーは大みそかのダンスパーティーでローリーと出会い、3
人はそのパーティーの途中で"ボンボン・アンド・モットー"を一緒に楽
しみます。ボンボン・アンド・モットーは、詩の一節、しゃれやなぞな
ぞ、格言(これがモットー)が印刷された紙に包まれたキャンディー(ボ
ンボン)でした。フォーチュンクッキーみたいなものと思ってください。

　マーチ家の人々が生きた時代、ボンボンは硬いキャンディーを指
すことが多く、これは作るのが難しいですし、時間もかかります。です
からお菓子屋で買うのが普通でした。今はケーキボールが甘くて作
りやすい代役を務めてくれます。

 40個分

スポンジケーキミックス(白):432g
市販のフロスティング(バニラ、チェリー、レモンなど):1カップ
　(235ml)[通販などで購入可能。手に入らない場合は071ページの
　フロスティングの作り方を参考になさってください]
テンパリング不用のコーティング用ホワイトチョコレート:680g、ブ
　ロックであれば刻んでおく[タブレット状のものが手に入りやす
　いでしょう]
トッピング用のミックスカラースプレーもしくはスパークリングシュ
　ガー

1. ケーキミックスのパッケージの指示どおり、示されたサイズの型
　　を使ってケーキを焼く。型のままケーキクーラーでケーキを冷ま
　　す。天板もしくはバットにワックスペーパーを敷いておく。

2. ケーキをほぐして大きなボウルに入れる。フロスティングを加え、
　　低速の電動ミキサーでよく混ぜ合わせる。小型のアイスクリーム
　　ディッシャー(スクープスプーン)を使ってそれをすくい、用意してお
　　いた天板の上に高さ3cmほどのボール状に盛り上げて並べていく
　　(あとで丸めるので、完全に丸くならなくても構わない)。ケーキボール
　　を冷蔵庫で2時間冷やす。

3. 小さめのソースパンにコーティング用チョコレートを入れて弱火で
　　溶かし、なめらかになるまでよくかき混ぜる。なべを火からおろし、
　　10分ほどおいて粗熱を取る。冷蔵庫からケーキボールを出し、で
　　きるだけ表面がなめらかなボールになるよう手早く丸める(冷えた
　　状態でコーティングしたいので、必要以上に触らないように注意する)。

4. フォークを2本使って溶かしたコーティング液にボールを浸し、余
　　分な液を落とす。コーティングしたボールを再び天板に並べ、
　　コーティングがまだ湿っているうちにカラースプレーやスパークリ
　　ングシュガーを振りかける。コーティングが固まるまで冷蔵庫で15
　　分ほど冷やす。

5. ギフト用の小さなタグにモットー(078ページ参照)を書き、それぞれ
　　のタグにリボンを通しておく。ラッピング袋にボンボンを分けて入れ、
　　モットーが書かれたタグをリボンで結びつける。ボンボンは
　　密閉容器に入れて冷蔵庫で3日間保存可能。

マーチ家のモットー

　想像力を発揮して、ボンボン（前ページ）用のモットーを考えてみましょう。たとえば、なぞなぞ、ことわざ、ポピュラーソングの一節を書くという手もあります。お仲間に『若草物語』のファンがいるなら、物語のセリフを引用し、どの人物のどのセリフか、みんなに当ててもらうのもいいかもしれません。

　手始めに、『若草物語』の中からすばらしいセリフや考え方をご紹介しましょう。

- 「お金は必要だし、大切なものよ。上手に使えば尊いものだけど、お金さえあればいいと、それだけを追い求めるようなことはしてほしくないの」──母さま
- 「気力と善意だけではいい料理人にはなれない」──ジョー
- 「立派な男性の愛情を独占する（中略）そのほうが財産を持つよりいいことですよ」──母さま
- 「自分の経験からわかることだけど、本当の幸せというのは、日々の糧をなんとか得られる程度の質素な家にこそ見出せるものだし、多少不自由があるぐらいのほうが、わずかな喜びもうれしく感じられるものなのよ」──母さま
- 「さあ、ご飯を食べてらっしゃい。そうすれば気分も良くなるわ。男の人って、お腹がすくと必ずぶつぶつ言い出すのよね」──ジョー
- 「（ほかの人たちが）意地悪だからって、わたしまでそうしなきゃいけないってことはないでしょ」──エイミー
- 「人に打たれたら、いつだってキスで報いるのがいちばんよ」──母さま
- 「家事は生やさしいことじゃありません」──ハンナ
- 「船の上で、男の人たちは本当になくてはならない存在です（中略）役に立たせてあげるのは慈悲というもの。さもなければ、あの人たち、たばこの吸いすぎで死んでしまうんじゃないかと思いますもの」──エイミー
- 「女だからといって、狭いところに閉じこもっていてはだめ。世の中のことを理解して、自分なりに役目を果たせるよう勉強しないとね」──母さま
- 「この世を去るとき、わたしたちが持っていけるものは愛だけでしょう」──ベス
- 「嵐なんか怖くないわ。自分の船の舵取りが身についてきたところだから」──エイミー
- 「ドイツ人は、情はいいものだと思っています。情があれば若さを保てます」──ベア先生
- 「わたし、この世でいちばん美しいものは家庭だと思う」──ジョー

家事は生やさしい
ことじゃありません
　　──ハンナ

ブランマンジェといちご

4人分

「デザートにはブランマンジェといちごを出すし、お上品にしたければ、コーヒーも出すわ」──ジョー

　ジョーは、ローリーをディナーに呼んでもてなそうと大張り切り。ごちそうをブランマンジェで締めくくることを楽しみにしています。では、ブランマンジェとは何でしょう？　フランス語でブラン(blanc)は「白」、マンジェ(mange)は「食べる」を意味します。つまり基本的には、白いものを食べる、ということになります。

　もちろん、それだけじゃわかりませんよね。ブランマンジェは(フランのような)カスタードをイメージしてみてください。ただし、ブランマンジェのとろみは卵ではなく、ゼラチンのなせるわざ。その結果、真っ白でクリーミー、つるんとしていて、かすかにフルフル揺れるデザートが出来上がり、鮮やかなフルーツソースや、スライスして砂糖をかけた生の果物を添えるととびきりおいしくなります。ジョーのやり方にならうなら、砂糖をかけた生のいちごを添えてください。くれぐれも塩ではなく砂糖を使ってくださいね。ジョーは塩をかけてしまうという恐ろしい手違いをして、あの不運なディナーで痛い目に遭いましたから。

ショートニング
冷水：¼カップ(60ml)
無香料の粉ゼラチン：7g
牛乳：1⅓カップ(315ml)
乳脂肪36%以上の生クリーム：1カップ(235ml)
砂糖：⅓カップ(66g)
ピュア・バニラエキストラクト：小さじ1(5ml)
ピュア・アーモンドエキストラクト：小さじ¼(1.25ml)

いちごの砂糖がけ：へたを取ってスライスしたいちご3カップをボウルに入れ、砂糖¼カップ(50g)を振りかけて和える。ふたをして、いちごがしっとりしてくるまで30分ほど冷蔵庫で冷やす。

---

1. 容量175mlのゼリー型もしくはカスタードカップ4個の底と側面にそれぞれショートニングを塗っておく。

2. 中くらいのソースパンに水を入れ、その上からゼラチンを振り入れる。なべを軽く揺すり、ゼラチン全体を湿らせるが、かき混ぜてはいけない。そのまま5分おき、ゼラチンをふやかす。

3. なべを中火にかけ、ゼラチンが溶けるまで1分ほどかき混ぜる。牛乳、生クリーム、砂糖を加えてよくかき混ぜる。加熱を続け、なべから湯気が立ち、砂糖が溶けるまで5分ほどかき混ぜる。その際、沸騰しないように注意する。なべを火からおろし、バニラエキストラクトとアーモンドエキストラクトを加えてかき混ぜる。液をボウル

に移し、冷蔵庫で30分ほど冷やす。それを用意しておいた型に分けて注ぎ、ふたをして、固まるまで冷蔵庫で8時間以上冷やす。

4. ブランマンジェを型からはずすときは、まずボウルに湯をはり、型の中に湯が入らないように注意しながら型の底を数秒、湯に浸す。型の外側についた水気を拭き取る。盛りつけ用の皿を逆さにして型の上にかぶせ、型と一緒にひっくり返す。型を引き上げ、ブランマンジェがなかなかはずれないようなら、同じ動作を繰り返す。残りの型も同じようにはずす。

5. ブランマンジェの周囲にいちごの砂糖がけやフルーツソースをスプーンで回しかけてテーブルへ。

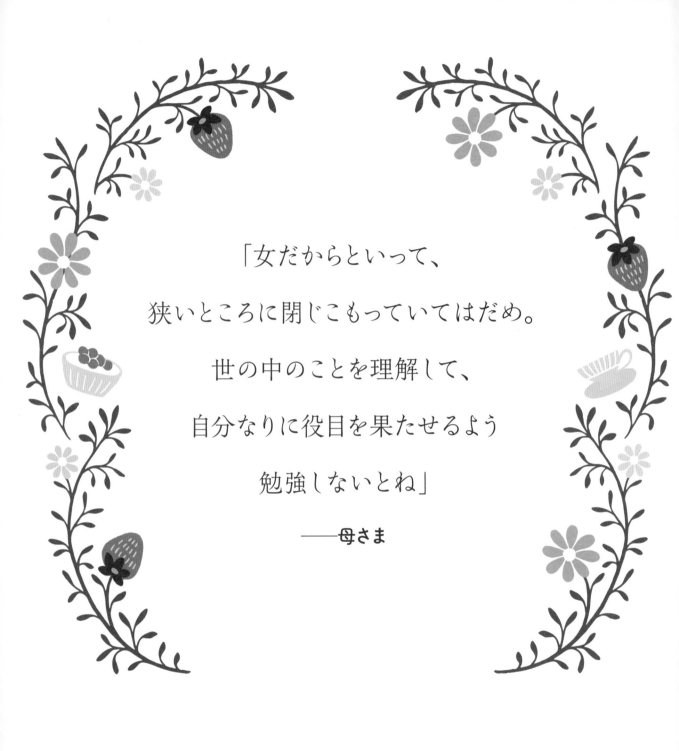

「女だからといって、

狭いところに閉じこもっていてはだめ。

世の中のことを理解して、

自分なりに役目を果たせるよう

勉強しないとね」

———母さま

ゼラチン、ブランマンジェ、 溝のあるかわいいゼリー型

　最高のブランマンジェを作るには、まず仔牛の足を4本用意します。毛を焼き取って、皮を残したものを使ってくださいね。それらの足をよくこすってきれいに洗います。

　冗談ですよ！　でもジョーやマーチ家の姉妹たちがローリーとのディナーパーティー用に大急ぎでブランマンジェを作ったあの時代、多くのレシピは仔牛の足から取るゼラチン、もしくはアイシングラス（干した魚の内臓から作るゼラチンの一種。率直に言って、これもいい方法とは思えませんが）を用意するところから始めていました。でも今は、スーパーマーケットで簡単に手に入る粉ゼラチンを使って構いません。粉ゼラチンも肉を原料にした製品であることに変わりはありませんが、味にくせがなく、非常に使いやすくなっています。

　マーチ家の人々が生きた時代、ブランマンジェは大人気のデザートで、料理人は、ブランマンジェ専用に作られた装飾的な型——今、みなさんがよく目にするしゃれたゼリー型と似たもの——を買いそろえていました。このレシピでは、装飾的なゼリー型を使っても構いませんが、お手軽にカスタードカップを使ってもいいでしょう。

　注意すべき点は、型の装飾が凝っていると、その分、ブランマンジェが取り出しにくくなるということ。はじめてこのレシピに挑戦するときは、カスタードカップを使ったほうがいいかもしれません。その場合、型を湯に浸す前に、ブランマンジェの周囲にナイフを回し入れておくと簡単にはずすことができます。溝のある型や複雑なデザインの型を使う場合、ナイフはおそらく役に立ちません。少し忍耐が必要になりますが、型をひとつひとつ湯に数回浸してからブランマンジェをはずすようにしてください。

果物とナッツのトライフル

10～12人分

「おちびさんたちのためにも、少しショッピングってやつをしてはどうでしょう？　そして、あなたの愉快なお宅へ最後のご挨拶にうかがい、お別れのご馳走をさせていただきたいと思うのですが」ベア先生はそう言って、果物と花がいっぱい飾ってある窓の前で立ち止まった。

「何を買いましょうか？」ジョーは先生の言葉の後半を無視し、うれしそうなふりをしながら、果物と花が入り混じったいい香りをかぎ、店に入った。

「あの子たち、オレンジとイチジクは食べるでしょうか？」ベア先生が父親のような雰囲気で尋ねた。

「いただいたときには食べますよ」

「あなたはナッツ、お好きですか？」

「ええ、リス並みに！」

　アメリカの西部で新しい仕事に就くため、間もなく旅立つことになったベア先生は、ジョーの家族との最後の夕食で、果物とナッツをごちそうすると言ってきません。数ページ後に、ベア先生がジョーと永遠に離れてしまうわけではないとわかり、みなさんもとてもうれしかったのではないでしょうか。

　ベア先生の愛情と気前の良さを称えるすばらしいデザートとして、果物とナッツを重ねたトライフルを作ります。これは今でも人気のある有名なデザートです。ベア先生が購入することになる高価な「ハンブルクの黒ぶどう」の代わりに、このレシピでは、ブルーベリー、ブラックベリー、ブラックラズベリーといった黒っぽい果物を使います。

ハーフ・アンド・ハーフ［牛乳と生クリームが半量ずつ配合された乳脂肪10～18%のクリーム］もしくはライトクリーム［乳脂肪18～30%の生クリーム］：1カップ（235ml）

卵黄：大きめのもの3個、溶きほぐしておく

砂糖：63g、¼カップ（50g）＋大さじ1（13g）に分けておく

塩：ひとつまみ

ピュア・バニラエキストラクト：小さじ1（5ml）

ホットミルク・スポンジケーキ（095ページ）：1個、冷ましておく

オレンジジュース：大さじ4（60ml）

オレンジマーマレード：⅓カップ（100g）

生のブルーベリーやブラックベリー、ブラックラズベリー：2カップ（290g）

乳脂肪30%のホイップ用生クリーム：1カップ（235ml）、冷やしておく

トーストしたスライスアーモンド：大さじ3（20g）、（086ページのメモ参照）

続く

1. 中くらいのソースパンでハーフ・アンド・ハーフを中火で熱し、湯気が立ってきたら火を止める。

2. 中くらいのボウルに卵黄、砂糖¼カップ(50g)、塩を入れ、中速の電動ミキサーで約1分、卵にとろみがつき、色が白っぽくなるまで撹拌する。1のハーフ・アンド・ハーフを泡立て器でかき混ぜながらゆっくりと注ぎ入れる(急いで注ぐと卵が凝固するので注意)。このカスタード液をソースパンに戻して弱めの中火にかけ、木べらで常にかき混ぜながら加熱する。カスタードにとろみがついて、木べらの背に膜が張り、料理用温度計の表示が74度になったら火からおろし、バニラエキストラクトを加える。耐熱ガラスのボウルにカスタードを移し、ふたをして、冷蔵庫で3時間以上冷やす。

3. スポンジケーキを2.5cm角に切る。容量2Lの円筒形のガラスボウルにケーキの半量を散らして入れる。ケーキにオレンジジュースを大さじ2(30ml)、振りかける。さらに、小さめのスプーンを使ってマーマレードの半量を垂らしていく。その上にベリーの半量をのせ、続いてカスタードソースの半量をのせる。残りのケーキを重ね、同じように、オレンジジュース、マーマレード、ベリー、カスタードソースを入れていく。ボウルにふたをして、冷蔵庫で4～24時間冷やす。

4. 食べる直前に、あらかじめ冷やしておいたボウルにホイップ用の生クリームと残りの砂糖大さじ1(13g)を入れ、ピンと角が立つまで泡立てる。トライフルの上にホイップしたクリームを広げ、アーモンドを散らす。デザート用の器にトライフルを盛りつける。

メモ:アーモンドをトーストするときは、浅めのフライパンに重ならないように広げ、中火で、目を離さないようにしながら、焼き色がつき始めるまで煎る。必要に応じてかき混ぜながら加熱を続け、アーモンドがこんがりきつね色になって、香りが立ち始めたら火を止め、すぐにボウルに移す。熱いフライパンに入れたままにしておくと、加熱が進んでしまうので注意する。トーストしたアーモンドは冷めてから使うこと。

「わたし、この世で

いちばん美しいものは

家庭だと思う」

——ジョー

デザートクレープ

こうしてエイミーは船出した。若い人たちの目には常に新しく、美しく映る旧世界を見るために。父親とローリーは岸辺に立ち、こちらに向かって手を振る明るい少女の前途がとにかく穏やかでありますようにと切に願いながら見送っていたが、やがて海の上には、きらめく夏の日射ししか見えなくなった。

　ジョーにとっては大きな失望ですが、キャロル伯母さんはヨーロッパ旅行のお供にジョーではなくエイミーを選びます。フランスにいるあいだ、エイミーはきっと人生初のクレープに遭遇したでしょう(薄いフランス版パンケーキは、当時のアメリカの料理本にはたいていのっていませんでした)。

　あの時代、フランスのクレープは、普通の小麦粉ではなくそば粉で作られていたと思われます。ここでご紹介する最新版のレシピは、友達とシェアするにはうってつけのすばらしいデザートです。みんなで順番に自分のクレープを焼いて飾りつけをするなら、なおさらでしょう。

 12枚分
(直径15〜18cm)

低脂肪牛乳もしくは牛乳：¾カップ(177ml)
水：½カップ(118ml)
卵：大きめのもの2個
万能小麦粉：1カップ(125g)
溶かした無塩バター：大さじ3(42g)、これ以外にフライパンに塗る分を適量
塩：ひとつまみ
トッピング：好みで(コラム参照)

---

1. トッピング以外の材料をすべて、上記の順番でミキサーに入れる。スイッチのオン・オフを繰り返し、材料が混ざり合ったら、容器の内側についた分をこすり落とす。出来上がった生地を冷蔵庫で1〜48時間冷やす(こうすることで泡が消え、焼くときにクレープが破れにくくなる)。

2. 冷やしているあいだに生地が分離していたら、そっとかき回して混ぜ合わせる。クレープは1枚ずつ皿にのせて冷ます必要があるため、焼き上がったクレープをすぐにのせられるよう、皿(直径18cm以上)を4枚用意しておく。

3. ノンスティック加工のフライパン(直径15〜18cm)に溶かしバターを薄く塗る。フライパンを強めの中火で熱する。いったん火からおろ

し、¼カップ弱の生地を注いだら、フライパン全体を覆うように手早く生地を広げる。フライパンを火に戻し、片面に軽く焼き色がついて生地が動くようになるまで30秒ほど焼く。薄手のフライ返しや耐熱のへらを使って生地を裏返し、もう片面も30秒ほど焼く。焼き上がったクレープは皿に移す。必要に応じて溶かしバターを足しながら残りの生地も同じように焼いていく。4枚焼き終わったら、冷めたクレープから重ねていって構わない。そして空いた皿に焼き上がった次のクレープをのせるようにする。

4. 食べるときは焼き上がったクレープを4つ折りにし、各自で好きなトッピングをする。

クレープのトッピング

- バター・アンド・シュガー——折りたたんだクレープに溶かしバターを少しかけ、砂糖を振りかける。好みでシナモンパウダーを少し振る。
- ヌテラ——大人気のヘーゼルナッツ入りチョコレートスプレッドをたっぷり塗ってからクレープを折りたたむ。
- チョコレート・アーモンド——折りたたんだクレープにチョコレートソースをかけ、ホイップクリームとトーストしたスライスアーモンドをトッピング。
- ストロベリー・キャラメル——折りたたんだクレープにいちごの砂糖がけ、温めたキャラメルソース、ホイップクリームをトッピング。
- ストロベリー——折りたたんだクレープに生のいちごの砂糖がけとホイップクリームをトッピング。
- ブラックフォレスト——折りたたんだクレープに、種を抜いて砂糖がけにしたチェリー、チョコレートソース、ホイップクリーム、削ったチョコレートをトッピング。

パリ風シュークリーム

24個分
(8人分)

フレンチチョコレート(109ページ参照)をこよなく愛する者として、エイミーは伯母さんとフランスを旅行しているあいだにこのシュークリームと出会っていたに違いありません。ただ、フランスではシュークリームではなく、プロフィトロールと呼ばれているのだとすぐに学んだことでしょう。

このシュークリームでチョコレート好きの友達をもてなしてください。本格的なデザートにするため、温めたチョコレートソースをピッチャーに入れて出し、ゲストがそれぞれ好きなだけ自分のプロフィトロールにソースをかけられるようにしましょう。

低脂肪牛乳もしくは牛乳:½カップ(118ml)
無塩バター:大さじ4(55g)、適当な大きさに切っておく
万能小麦粉:½カップ(62g)
塩:小さじ¼(1.5g)
卵:大きめのもの2個
チョコレートソースとバニラアイスクリーム:食べるときに添える(メモ参照)

---

1. オーブンを200度に予熱する。縁のある天板にクッキングシートを敷く。

2. 中くらいのソースパンに牛乳とバターを入れて中火にかけ、バターが溶けて湯気が立ってきたら小麦粉と塩を加える。木べらで強くかき混ぜ、生地がひとかたまりになって、なべ肌からはがれるようになったら、さらにかき混ぜながらもう1分加熱し、なべを火からおろす。そのまま10分おき、粗熱を取る。

3. 2の生地に卵を1個ずつ加える。1個目を加えたら、生地と完全に混ざり合うまで強くかき混ぜ、生地がなめらかになってきたら2個目を加えてよく混ぜ合わせる。用意しておいた天板に生地を小さじ1杯ずつ落としていく。

4. 生地をまず15分焼く。それから温度を180度に落とし、生地がきつね色になるまでさらに8～10分焼く。焼き上がったシュー生地をケーキクーラーに移す。

5. ソースパンにチョコレートソースを入れ、注げる粘度になるまで弱火で温める。波刃のナイフでシュー生地を横半分に切る。バニラアイスクリームを少量すくって各シューにはさむ。皿1枚につきシューを3個ずつ盛りつけてテーブルへ。食べるときにチョコレートソースを回す。

メモ:最高の味を楽しむなら、原料に生クリームが使われている高品質のチョコレートソースを使う。

アップルスランプ

　ルイーザ・メイ・オールコットがアップルスランプについて知り尽くしていたことは間違いありません。一家が暮らすオーチャード・ハウスが絶えず修理をしなければならない状態にあったことから、オールコットはこの家を皮肉っぽく"アップルスランプ"[スランプ(slump)は「崩れる」の意]と呼んでいました。

　伝統的な果物のスランプ[果物の砂糖煮にビスケット生地をのせて焼いたもの]はすべてコンロで作りますが、このバージョンでは仕上げをオーブンで行います。今風のこのレシピは、過ぎし日の手法に忠実というわけではありませんが、トッピングの焼け具合は良くなります。薪や石炭を燃やす1860年代のコンロと違って、やはり現代のオーブンは、このようなビスケットをのせるタイプのデザートをずっと簡単に——蒸し焼きにするのではなく——焼くことができるのです。

9人分

りんご:680g、グラニースミス、ブレイバーン、ハニークリスプなど、皮をむいて芯を取り、スライスしておく(約4½カップ)[ある程度酸味があり、固めで多汁のものを使ってください]
ブラウンシュガー:ぎっしり詰めて½カップ(115g)
レモンの絞り汁:小さじ2(10ml)
シナモンパウダー:小さじ½(0.9g)
冷水:大さじ2(30ml)
コーンスターチ:小さじ2½(7g)
万能小麦粉:1カップ(125g)
砂糖:¼カップ(50g)
ベーキングパウダー:小さじ1(4.6g)
塩:小さじ¼(1.5g)
冷たい無塩バター:大さじ4(55g)、適当な大きさに切っておく
卵:大きめのもの1個
牛乳:¼カップ(60ml)
バニラアイスクリーム:食べるときに添える

1. オーブンを200度に予熱する。

2. 大きめのソースパンにスライスしたりんご、ブラウンシュガー、レモンの絞り汁、シナモンを入れ、ときどきかき混ぜながら加熱する。沸騰してきたら火を弱めてふたをし、ときどきかき混ぜながら、りんごが歯ごたえを残しつつやわらかくなるまで5分ほどことこと煮る。

3. 小さめのボウルで水とコーンスターチを混ぜ合わせ、2のなべに加える。かき混ぜながら加熱し、とろみがついて泡が立ってきたら、弱火にしてふたをし、中身が冷めないようにしておく。

4. トッピング生地を作る。小さめのボウルで小麦粉、砂糖、ベーキングパウダー、塩を合わせる。バターを加える。パイブレンダーを使って、もしくはナイフを2本交差させるやり方でバターを粉類に切り込み、粗い粒状になるまで混ぜ合わせる。別の小さめのボウルで卵と牛乳が混ざり合うよう撹拌する。それを粉類に加え、全体がしっとりしてくるまでフォークでかき混ぜる。

5. 3のりんごフィリングを20cm四方の耐熱皿に流し込む。その上に、4のトッピング生地を9等分し、大さじを使ってのせていく。

6. オーブンに入れ、フィリングがぐつぐつ泡立ち、トッピングがきつね色になるまで25分ほど焼く。(熱々ではなく)粗熱が取れた状態でテーブルに出し、盛りつけ用の皿に取り分けてアイスクリームをトッピングする。

メグの"プラム"プディング

「もうレーズンはだめよ、デミ。気持ち悪くなっちゃうからね」プラムプディングを作る日になると決まって台所で奉仕を申し出る幼い子どもにママはそう言った。

メグはプラムプディングを作っているあいだ、幼い息子をレーズンから遠ざけようとします。プラムプディングは、レーズン、カラント、柑橘類の皮、スパイスで風味づけをする伝統的なクリスマスケーキですが、意外にもプラムは入っていません。このデザートを作るには特別な型が必要ですし、コンロで何時間も蒸す必要があります。メグがこれを作るために丸1日確保しているのも当然でしょう。

ここでご紹介するレシピでは、メグがプラムプディングで使ったであろう材料や香料のいくつかに加え、おまけとして、ほかの材料と見事に調和するバタースコッチチップを使います。さらに、このレシピでは特別な型を必要としません。

 6人分

乾燥焼きした食パン:2.5cm角に切ったもの3カップ(330g)、(メモ参照)

製菓用のバタースコッチチップ:¼カップ(40g)[手に入らない場合はキャラメルチップで代用してください]

ゴールデン(サルタナ)レーズン:¼カップ(35g)

卵:大きめのもの2個

砂糖:½カップ(100g)

シナモンパウダー:小さじ¼(0.5g)

ナツメグパウダー:小さじ¼(0.4g)

塩:小さじ¼(1.5g)

牛乳:1½カップ(355ml)

ピュア・バニラエキストラクト:小さじ1(5ml)

市販のキャラメルソース:1カップ(235ml)

オレンジの絞り汁:¼カップ(60ml)

すりおろしたオレンジの皮:小さじ½(101ページのメモ参照)

---

1. オーブンを180度に予熱する。20cm四方の耐熱皿に油を塗っておく。

2. 乾燥焼きした食パンを1の耐熱皿にまんべんなく広げ、その上にバタースコッチチップとレーズンを散らす。

3. 大きめのボウルに卵、砂糖、シナモン、ナツメグ、塩を入れ、泡立て器でかき混ぜる。とろみがついてなめらかになってきたら、引き続きかき混ぜながら、牛乳とバニラエキストラクトをゆっくり加えていく。卵液を2に注ぎ、へらでパンを押して卵液に沈める。卵液がパンに染み込むまで10分ほど寝かせる。

4. オーブンに入れ、プディングがふくらんできつね色になり、中心にナイフを刺してみて、生地がついてこなくなるまで40〜45分焼く。焼き上がったら、粗熱を取るあいだにソースを作る。小さめのソースパンにキャラメルソース、オレンジの絞り汁、オレンジの皮を入れて火にかけ、ソースが温まって注げる粘度になるまでかき混ぜながら加熱する。温かいプディングをスプーンでデザート皿に盛りつけ、ひと皿ずつキャラメルソースをトッピングする。

メモ:パンを乾燥焼きするときは、切ったパンを浅めの焼き型に広げ、150度のオーブンで10分、焦げ目はついていないが、水分はなくなっている状態になるまで焼く(途中で1度かき混ぜる)。焼いたパンは冷ましてから使う。

ジョーのジンジャーブレッド

「あんまりいろんなものを作らないほうがいいわ、ジョー。あなたに作れて、食べられるものといったら、ジンジャーブレッドと糖蜜のキャンディーだけじゃないの。わたしはこのディナーパーティーにはかかわりませんからね。あなたが勝手にローリーを呼んだのだから、おもてなしも自分でするといいわ」──メグ

ジョーはお茶を入れたり、オムレツやビスケットやブランマンジェを作ったり、アスパラガスやロブスターを料理したりする達人ではないかもしれませんが、ジンジャーブレッドの作り方は心得ています。本当に、これはだれにでも作れる──いちばん簡単に作れるたぐいのケーキなのです。

ルイーザ・メイ・オールコットの時代の料理本には「ソフト・ジンジャーブレッド」や「ハード・ジンジャーブレッド」──今日のいわゆるジンジャーブレッドケーキやジンジャーブレッドクッキー──がたくさんのっています。多くのケーキに、ここでご紹介するレシピと同じ香味料が使われており、たとえばレモンは、深みのある香料やモラセスにまじって、さわやかな刺激を加えています。ジンジャーブレッドケーキにまだ挑戦したことがないなら、あるいは何年もごぶさたしているなら、このレシピはジンジャーブレッドがいかにユニークですばらしいものであるかを思い出させてくれるでしょう。デザートの世界では他に類を見ない存在です。

 16個分

万能小麦粉:3カップ(375g)
ジンジャーパウダー:大さじ1(3.9g)
シナモンパウダー:小さじ2(3.6g)
ベーキングソーダ:小さじ1(4.6g)
ベーキングパウダー:小さじ1(4.6g)
クローブパウダー:小さじ½(0.7g)
塩:小さじ½(3g)
ダークブラウンシュガー:ぎっしり詰めて1⅓カップ(300g)
モラセス(マイルドフレーバー):1¼カップ(300ml)
無塩バター:大さじ8(112g)、適当な大きさに切っておく
熱湯:1⅓カップ(315ml)
卵:大きめのもの2個
粉砂糖:1カップ(120g)
レモンの絞り汁:大さじ2(30ml)
ホイップクリーム:食べるときに添える

1. オーブンを180度に予熱する。33×23cmのケーキ型に油を塗っておく。

2. 大きめのボウルに小麦粉、ジンジャー、シナモン、ベーキングソーダ、ベーキングパウダー、クローブ、塩を入れ、泡立て器で混ぜ合わせる。粉類の中央にくぼみを作っておく。

3. 別の大きめのボウルにブラウンシュガー、モラセス、バターを入れる。熱湯を加え、バターが溶けて全体がなめらかになるまで泡立て器で混ぜ合わせる。卵も加えて混ぜ合わせたら、今度は低速の電動ミキサーで全体がなめらかになるまで1〜2分かき混ぜる。

用意しておいたケーキ型に生地を流し込む。

4. 生地を35〜40分焼く。中心に竹串を刺して引き抜き、何もついてこなければ焼き上がっている。型ごとケーキクーラーにのせ、粗熱を取る。

5. ジンジャーブレッドを焼いているあいだにアイシングを作る。小さめのボウルに粉砂糖とレモンの絞り汁を入れ、垂らせる粘度になるまで泡立て器で混ぜ合わせる。温かいジンジャーブレッドにアイシングを垂らし、ホイップクリームを添えてテーブルへ。

ホットミルク・スポンジケーキ

8人分

スポンジケーキは19世紀の典型的なデザートです。マーチ家の人々が生きた時代の料理本にはたいてい、この濃厚でやわらかいケーキのレシピがひとつのっています。多くの場合、スポンジケーキは、「ブラックラズベリーのゼリーケーキ」(097ページ)や「果物とナッツのトライフル」(085ページ)など、ほかのデザートのベースとなっていました。ちなみに、スポンジケーキは、ほかの多くのデザートより簡単に作ることができます。料理が苦手なジョーでさえ、このケーキなら作ることができたでしょう(ただ、現代のわたしたちが使っているような温度を正確に設定できるオーブンがあったら助かったでしょうけどね)。

粉砂糖を軽くまぶしたスポンジケーキは、いちご、ラズベリー、桃、チェリーなど、スライスして砂糖をかけた生の果物を美しく見せるすばらしい手段になりますし、少し甘みをつけたホイップクリームをトッピングすればさらにすばらしいデザートになります。冬場であれば、冬のいちごソース(105ページ)とホイップクリームを添えてください。

万能小麦粉:1カップ(125g)
ベーキングパウダー:小さじ1(4.6g)
塩:ひとつまみ
卵:大きめのもの2個
砂糖:1カップ(200g)
ピュア・バニラエキストラクト:小さじ1(5ml)
牛乳:½カップ(118ml)
無塩バター:大さじ3(42g)、適当な大きさに切っておく

1. オーブンを180度に予熱する。高さ5cm、直径20cmもしくは20cm四方のケーキ型の内側(底面と側面)に油を塗り、粉を振っておく。

2. 小さめのボウルに小麦粉、ベーキングパウダー、塩を入れてよくかき混ぜる。

3. 中くらいのボウルに卵を入れ、速めの中速にセットした電動ミキサーで、卵がもったりして淡い黄色になるまで3分ほど泡立てる。少しずつ砂糖を加え、卵がふんわりして色が白っぽくなるまでさらに2分ほど泡立てる。バニラエキストラクトを加えてかき混ぜる。2の粉類を加え、へらでさっくり混ぜ合わせる。

4. 小さめのソースパンに牛乳とバターを入れて混ぜ合わせる。中火にかけ、バターが溶けるまで加熱する。このホットミルクを3ボウルに少しずつ加え、常にかき混ぜながら生地と混ぜ合わせる。生地を用意しておいたケーキ型に流し入れる。

5. 生地をオーブンで25～30分焼く。中心に竹串を刺して引き抜き、何もついてこなければ焼き上がっている。型ごとケーキクーラーにのせ、粗熱を取る。型の内側にナイフを回し入れ、ケーキを型からはずす。切り分けてテーブルへ。

ブラックラズベリーのゼリーケーキ、レモンクリーム添え

今度、1994年版の映画『若草物語』（ウィノナ・ライダー主演）を観るときは、終盤でテーブルに一瞬登場するゼリーロールケーキを見逃さないでください。ゼリーロールは、ゼリー［もしくはジャム］を塗って渦巻き状に巻いた繊細なスポンジケーキです。このロールケーキは、南北戦争後（『若草物語』の初版が出たころ）にアメリカで人気となった、もっとシンプルな巻かないゼリーケーキをエレガントにしたバージョンです。ここでご紹介するのは、2段にしたケーキにゼリーを塗ってはさんだだけのデザートですが、手が込んだおしゃれなゼリーロールと味はまったく変わらないうえ、作るのははるかに簡単です。

 8〜10人分

ホットミルク・スポンジケーキ（095ページ）：1個、冷やしておく
乳脂肪36〜40％の生クリーム：1カップ（235ml）
粉砂糖：大さじ3（22g）
ピュア・バニラエキストラクト：小さじ½
すりおろしたレモンの皮（101ページのメモ参照）：小さじ¼
レモンの絞り汁：小さじ2（10ml）
ブラックラズベリージャム（種なし）：½カップ（160g）

1. レシピどおりにスポンジケーキを焼く。ただし手順1ではケーキ型の側面に油を塗り、底面にはクッキングシートを敷いて、クッキングシートのほうに油を塗る。焼き上がったケーキは冷ましておく。

2. 型の内側にナイフを回し入れ、ケーキとのあいだにすき間を作る。大きめのカッティングボードの上に型をひっくり返し、そのまま上に引き上げてケーキをはずし、クッキングシートをはがす。

3. レモンクリームを作る。小さめのボウルと電動ミキサーのビーターを冷蔵庫に入れ、20分冷やす。冷えたボウルに生クリーム、粉砂糖、バニラエキストラクト、レモンの皮を入れ、中速の電動ミキサーで角が立つまで泡立てる（ミキサーを止めてクリームからビーターを引き上げたときにクリームがピンと立ち、すぐにだれてしまわなければ角が立った状態）。レモンの絞り汁を加え、クリームと混ざり合うまで撹拌する。

4. 長めのケーキナイフを使ってケーキを横半分にスライスする。下段のケーキを平らな皿の上に置き、ジャムを塗る。上段のケーキを重ね、上面にレモンクリームを塗る。ケーキを切り分けてテーブルへ。

アップルターンオーバー

野原いっぱいにクッキーがまき散らされ、木々の枝にはアップルターンオーバーが新種の鳥か何かのように止まっていた。小さな女の子たちは女の子たちでティーパーティーを開いており、テッドは食べられそうな物のあいだを好き勝手にさまよい歩いていた。

『若草物語』[第2部]の最後の場面となるピクニックでは、子どもたちが果樹園で食べたり遊んだりするなか、アップルターンオーバーが——文字どおり——そこらじゅうに散らばっています。この昔ながらのアップルターンオーバーは、みなさんにも同じような喜びをもたらすでしょう。ただ、あちこちに放り投げるのではなく、食べたいと思ってもらえるといいのですが。

 6個分

りんご:3個、グラニースミス、ハニークリスプ、ブレイバーンなど、皮をむいて芯を取り、刻んでおく（約3カップ）[ある程度酸味があり、固めで多汁のものを使ってください]

ダークブラウンシュガー:ぎっしり詰めて¼カップ(56g)

無塩バター:大さじ2(28g)

レモンの絞り汁:大さじ1(15ml)

コーンスターチ:大さじ1(8g)

アップルパイスパイス:小さじ1(2.3g)[手に入らない場合は、シナモンをメインに、クローブ、ナツメグ、オールスパイス、ジンジャーなど、好みのスパイスを合わせてください]

冷凍パイシート:490g、パッケージの指示どおりに解凍する

卵:大きめのもの1個

水:大さじ1(15ml)

ざらめ糖もしくはグラニュー糖

---

1. オーブンを200度に予熱する。縁のある天板にクッキングシートを敷く。

2. 中くらいのソースパンに、りんご、ブラウンシュガー、バター、レモンの絞り汁、コーンスターチ、アップルパイスパイスを入れて混ぜ合わせる。強めの中火にかけ、ときどきかき混ぜながら、中身にとろみがつき、ふつふつ泡立ってくるまで煮る。なべを火からおろし、5分ほどおいて粗熱を取る。

3. 軽く打ち粉をした台でパイシートを約35cm四方にのばす。生地を縦半分に切り、それぞれを横に3等分して切り、6枚の長方形に分ける。小さめのボウルに卵と水を入れ、泡立て器でなめらかになるまで撹拌する。その卵液を切り分けたパイ生地の縁にはけで塗る。生地を1枚、用意しておいた天板に移す。生地の半分弱のスペースにりんごフィリングを⅓カップ弱、スプーンでのせる。生地のもう半分をかぶせてフィリングを包んだら、縁を押さえてから丸めるように折り返し、しっかりと閉じる。蒸気が抜けていくよう、生地の上部に3か所小さな切れ目を入れる。残りの生地にも同じようにフィリングを詰める（フィリングは余っても使わないこと。生地にめいっぱい詰めないようにする）。

4. 生地に卵液を塗り、ざらめ糖を散らす。卵液が余ったら、それ以上は使わないこと。パイがこんがりきつね色になるまでオーブンで20〜25分焼く。フィリングが非常に熱くなっているので、15分以上おいて粗熱を取ってからテーブルへ。

魅惑的なミニタルト

双子たちは(中略)好き勝手に楽しむことができた。ふたりがその機会を大いに活用したことは疑いようがないだろう。なにしろふたりはこっそりお茶をすすり、好きなだけジンジャーブレッドを詰め込み、ひとり1個ずつ焼きたてのビスケットを手に入れたではないか？ そして、不法侵入ここに極まれりとばかりに、それぞれ魅惑的な小さなタルトをひっつかんで小さなポケットに突っ込んだが、タルトはポケットにくっついて崩れ去り、人間の本性とペストリーは弱くもろいものなのだと教訓を与えることになった。

　どうやらデミとデイジー(ジョンとメグの双子の愛称)は、タルトが服のポケットに入れて持ち運ぶには適さないということを身にしみて学んだようです。あの双子たちなら、このシンプルなジャムタルトを大いに気に入ったことでしょう。ただ、ポケットに滑り込ませることができるほど小さなタルトですが、それはやめておいたほうがずっとおいしく食べられます。

24個分

冷蔵パイシート:400g、パッケージの指示どおり室温に戻しておく。[手に入らない場合は冷凍パイシートを解凍して使ってください]
フルーツジャム:½〜⅔カップ(160〜200g)
無塩バター:大さじ2(28g)
シナモンパウダー
粉砂糖やホイップクリーム:好みで

1. オーブンを200度に予熱する。24個取りのミニ・マフィン型に薄く油を塗る。

2. 軽く打ち粉をした台でパイシートを伸ばす。直径6cmの丸抜き型で24枚、生地を抜く。余った分は使わない。生地を1枚ずつマフィン型に押しつけ、必要に応じて縁にひだをつける。底になる部分に少量(小さじ¼程度)のバターを置き、軽くシナモンを振りかける。1個につき小さじ山盛り1杯ずつジャムを入れる。

3. 生地が黄金色になるまで15〜18分焼く。タルトを冷まし、必要であれば、型の内側にナイフを回し入れ、型からはずす。好みで粉砂糖を振るか、ホイップクリームをトッピングする。

"レモンチーズ"タルトレット

 30個分

マーチ家の人々が生きた時代、レモンカードは人気がありましたが、姉妹はその名前ではこのさわやかなおやつを知らなかったかもしれません。その代わり、あの時代には、レモンカードを「レモンチーズ」という名で紹介している料理本がいくつかあり、レモンチーズを用いるタルトは「レモンチーズケーキ」と呼ばれていました。これは今日のチーズケーキとは別物です。

レモンチーズケーキの初期のレシピでは、「レモンチーズ」を「パフペースト」(現在パフペストリー[パイ生地]として知られているもの)にのせて焼く必要がありました。今は市販のフィロ生地のカップで代用すれば、かわいいタルトが簡単に出来上がります。レモンカードは瓶詰めのものを購入することもできますが、手作りしたほうがはるかに新鮮で魅力的な味を楽しめますよ。

マーチ伯母さんは、ごほうびにふさわしいと思えば、こうしたタルトをアフタヌーンティーのお供として出してくれたかもしれません。現代のみなさんは、このかわいいタルトをデザートとして出すのもよし、甘いものを持ってきてと頼まれた集まりに差し入れするのもよいでしょう。

卵:大きめのもの3個
砂糖:½カップ(100g)
すりおろしたレモンの皮(メモ参照):大さじ1(6g)
塩:ひとつまみ
レモンの絞り汁:½カップ(120ml)
無塩バター:大さじ6(85g)、6個に切り分けておく
市販の冷凍ミニ・フィロカップ:2箱(54g)、解凍しておく
ブルーベリーやラズベリー:飾りとして
甘みをつけたホイップクリーム:食べるときに添える(好みで)
[フィロは紙のように薄いパイ生地。冷凍のフィロカップは焼成ずみなので解凍するだけで使えますが、手に入らない場合は、冷凍のフィロ生地を解凍して1枚ずつ溶かしバターを塗り、ミニ・マフィン型などに2～3枚ずつ重ねてオーブンで焼いてください]

1. 中くらいのソースパンに卵、砂糖、レモンの皮、塩を入れ、泡立て器で混ぜ合わせる。レモンの絞り汁も混ぜ入れたら、なべを中火にかける。常にかき混ぜながら、バターを1個ずつ加えて溶かしていく。先に入れたバターが溶けてから次を入れること。常にかき混ぜながら、レモンカードにとろみがつき、料理用温度計の表示が74度になるまでさらに3分ほど加熱を続ける。小さめのボウルにレモンカードを流し入れ、ふたをして2時間以上冷やす。

2. フィロ(タルト)カップにレモンカードを盛りつける(余ったレモンカードは密閉容器に入れておけば冷蔵庫で3日間保存可能。甘酸っぱいディップとしてショートブレッドクッキーにもぴったり)。タルトはすぐに食べても、1時間ほど冷やして食べても構わない。食べる直前に各タルトにラズベリーを1個、もしくはブルーベリーを2個ずつ飾り、好みで甘みをつけたホイップクリームをトッピングする。

メモ:レモンやオレンジやライムの皮をすりおろすときは、果物をよく洗い、ペーパータオルなどで水気をしっかり取ってから行う。柑橘類用の皮おろし器(ゼスター)かやすり型のおろし器に果物を回転させながらこすりつけ、色鮮やかな表皮の部分だけをすりおろす。その下の白い部分は苦味があるのでおろさないように注意しながら、レシピに必要な分量が取れるまですりおろす。

ピンクと白の
アイスクリームデザート

アイスクリームが、しかもピンクと白のふた皿があって、ケーキに果物、目もくらむようなフランスのボンボンもあって、テーブルの真ん中には温室栽培の花々の大きなブーケが4つも置かれていた。

　クリスマスの日の夕方、マーチ家の姉妹はテーブルに並んだぜいたくなごちそうを目にして大興奮。びっくりして、だれが用意してくれたのか当てようとします。妖精？　サンタクロース？　母さま？　マーチ伯母さん？　いいえ、すばらしい食べ物と花は、ローリーのおじいさんから賛辞として届いたものでした。ローレンス氏は、姉妹が自分たちのクリスマスの朝食を貧しいフンメル一家に譲ったことを知っていました。少女たちが払った犠牲の埋め合わせをする素敵なものをごちそうしたかったのです。

　アイスクリームは今日のようにいつでも食べられるものではなかったかもしれませんが、1850年代に革新的冷凍技術が生まれたおかげで、まったく手に入らないというわけでもありませんでした。それでもアイスクリームは——ピンクも白も——マーチ家の姉妹にとって、なかなかのごちそうだったはず。このレシピでは、2色のアイスクリームを層にしてひとつのデザートにします。簡単ですが、なかなかのごちそうですよ。

8人分

バニラアイスクリーム：3カップ（420g）

焼成ずみのチョコレート・パイクラスト（パイカップ）：1個（直径20cm）
　［手に入らない場合は砕いたチョコレートクッキーに溶かしバターを混ぜて型に貼りつけるなどするとよいでしょう］

ストロベリーアイスクリーム：3カップ（420g）

チョコレートもしくはファッジソース

スライスもしくは4等分した生のいちご、あるいは冬のいちごソース
　（105ページ）

甘みをつけたホイップクリーム

---

1. 中くらいのボウルにバニラアイスクリームを入れ、すんなりかき混ぜられるやわらかさになるまで5分ほどおく。スプーンでパイクラストの中に入れ、ゴムべらかオフセットスパチュラ［L字型のパレットナイフ］で均一に広げる。冷凍庫で45〜60分冷やして固める。

2. 別のボウルにストロベリーアイスクリームを入れ、すんなりかき混ぜられるやわらかさになるまで5分ほどおく。スプーンで1のバニラアイスクリームの上に慎重に重ね、均一に広げる。ふたをして、冷凍庫で1時間以上冷やして固める。

3. 食べる15〜20分前に冷凍庫から出しておくとカットしやすくなる。チョコレートもしくはファッジソースを必要に応じて、注げる濃度になるまで弱火で温める。パイを8等分し、1切れずつ盛りつけ用の皿に置く。いちごを飾ってチョコレートソースをかけ、ホイップクリームをトッピングする。

いちごのシャーベット

 約1.4L分

「お手伝いしましょうか?」親しげな声がして、片方の手にコーヒーがなみなみと入ったカップ、もう片方の手にアイスの皿を持ったローリーが立っていた。

　近ごろは「アイス」と言うと、果汁や、ピューレ状にして甘みをつけた冷凍果物で作るデザートを指すことが多いですが、大みそかのダンスパーティーでローリーがメグに持っていったデザートが何だったのか、正確にはよくわかりません。当時の料理本には、今のわたしたちが認識しているのとよく似たやり方で作るアイスのレシピがのっていることもありました。しかし、1859年に出版された『The Young Housekeeper's Friend(若き主婦の友)』(結婚後、メグが頼りにするようになった料理本)のレシピでは果物のアイスに生クリームが含まれており、現代のいわゆるシャーベットに近いものが出来上がります。シャーベットとアイスクリームの違いは卵の有無で、シャーベットには卵が含まれていません。

　このレシピではシャーベットに近い作り方をします。おいしいフルーツシャーベットをしばらく味わっていないというなら、ぜひこのレシピを試してみてください。フルーツアイスよりクリーミーで、濃厚なアイスクリームより軽くてさわやかなシャーベットがちょうどいいということもよくありますよね。

生のいちご:454g、へたを取っておく、もしくは無糖の冷凍いちご454gを解凍しておく

乳脂肪36%以上の生クリーム:1 カップ(235ml)

低脂肪牛乳:1カップ(235ml)

砂糖:¾カップ(150g)

レモンの絞り汁:大さじ1(15ml)

1. ミキサーもしくはフードプロセッサーにいちごを入れ、なめらかなピューレにする。種なしのシャーベットにするため、目の細かいざるやこし器でピューレをこし、ボウルに入れる。生クリーム、牛乳、砂糖、レモンの絞り汁を加え、砂糖が溶けるまでよくかき混ぜる。ふたをして、冷蔵庫で2時間以上冷やす。

2. アイスクリームメーカーのボウルにいちごのピューレを入れ、製品マニュアルの指示どおりに凍らせる。やわらかめの食感を味わうならすぐに食べる。硬めの食感を味わうなら、冷凍用の容器にシャーベットを移し、ふたをして冷凍庫で4時間以上冷やす。

冬のいちごソース

ジョーはお金が力を授けるのだと気づき、お金と力を手に入れようと決意した。お金は自分だけのために使うのではない。自分の命よりも愛している人たちのために使うのだ。家を快適なもので埋め尽くしたい、冬のいちごから寝室に置くオルガンまで、ベスが欲しがっているものをすべて買ってあげたい、自分自身は外国へ行ってみたい、慈善活動ざんまいで暮らせるよう、常にあり余るほどお金を持っていたいというのが、ジョーが長年、何よりも大事にしてきた空中楼閣だった。

　マーチ家の姉妹にとって、食べ物はしばしば、家族や友人に気遣いと愛情を示す手段となります。それが最も感動的に示されるのは、冬のいちごから寝室に置くオルガンにいたるまで、病気の妹があったらうれしいと思っているものを与えてあげるべく、ジョーが小説を書くことでお金を稼ごうと誓うときです。

　1860年代のニューイングランドで、冬場のいちごはかなり値のはるものだったでしょう。この時期のいちごは南部の気候帯からのんびり長旅をしてきたはずです。今や、いちごは1年中、簡単に手に入ります。スーパーの野菜・果物売り場に行けばたいてい置いてありますし、冷凍食品売り場に行けば必ず見つかります。冷凍いちごはこのソースを作るのにうってつけです。ソースはアイスクリームやエンゼルフードケーキ、ホットミルク・スポンジケーキ（095ページ）、ブランマンジェ（081ページ）などのデザートと抜群によく合います。

2カップ分

無糖の冷凍いちご（ホール）：454g、解凍しておく
砂糖：¼カップ（50g）
コーンスターチ：小さじ1（3g）
レモンの絞り汁：小さじ2（10ml）

1. 中くらいのソースパンに、いちご、砂糖、コーンスターチを入れて混ぜ合わせる。中火にかけ、沸騰してきたら少し火を落とす。ときどきかき混ぜながら約6分、いちごから汁が出て、果肉が十分やわらかくなるまでことこと煮る。

2. なべを火からおろし、木べらの背でいちごの半量をなべ肌に押しつけてつぶし、ソースにとろみをつける。レモンの絞り汁を入れてかき混ぜる。ソースをボウルに移し、ふたをして、冷蔵庫で2時間以上、最長で3日間冷やす。

エイミーのレモネード

4杯分

「6月1日ね!（中略）3か月のお休みなんて——もう楽しみでしょうがないわ!」ある暑い日、メグは帰ってくるなり叫んだ。見ると、ジョーがいつになく疲れはてた様子でソファーに寝そべっており、ベスが汚れたブーツを脱がせてやっていた。そしてエイミーは、みんなにさわやかな飲み物をと、レモネードを作っていた。

マーチ家の姉妹が夏の始まりをレモネードで乾杯したとき、その飲み物が紙パックから注いだものや、粉末を溶かしたものでなかったことは間違いありません。あの時代なら、エイミーはきっと絞りたてのレモン果汁にシロップ（水に砂糖を溶かしたもの）を少し混ぜてレモネードを作ったはず。当時はレモネードにほかのフレーバーを追加するレシピもありました。ここでご紹介するレモネードは1851年のあるレシピをもとに、オレンジの皮の甘みを少し加え、クローブでスパイシーなアクセントを添えています。

砂糖:¾カップ(150g)
水:3¾カップ(887ml)、3カップ(710ml)と¾カップ(177ml)に分けておく
すりおろしたレモンの皮:大さじ2(12g)(101ページのメモ参照)
すりおろしたオレンジの皮:大さじ1(6g)(101ページのメモ参照)
クローブ(ホール):2個
レモンの絞り汁:1½カップ(355ml)(レモン6～8個分)
レモンのスライス:飾りとして(好みで)

1. シロップを作る。中くらいのソースパンに砂糖、水¾カップ(177ml)、レモンの皮、オレンジの皮、クローブを入れて混ぜ合わせる。中火にかけ、ときどきかき混ぜながら砂糖を溶かす。砂糖が溶けたらなべを火からおろし、室温になるまで30分ほど冷ます。小さめのボウルに目の細かいざるかこし器をセットし、シロップをこして、クローブとレモンおよびオレンジの皮を取り除く。

2. 大きめのピッチャーにシロップとレモンの絞り汁と残りの水3カップ(710ml)を入れて混ぜ合わせる。レモンによって酸味が異なるため、必要に応じて水を足し、好みの酸っぱさにする。氷を入れたグラスにレモネードを注ぎ、好みでレモンのスライスを浮かべる。

ポーチで楽しむ
レモネード&ランチ向けメニュー

- エイミーのレモネード（上記）
- オリーブとにんじんとラディッシュの盛り合わせ
- チーズとバターとセロリのサンドイッチ(030ページ)
- ベア先生のチョコレートドロップ付きバニラバタークッキー(075ページ)
- エイミーの"ライムピクルス"シュガークッキー(071ページ)
- ブラックラズベリーのゼリーケーキ、レモンクリーム添え(097ページ)

エイミーの泡立ちフレンチ
チョコレートドリンク

 4～6杯分

牛乳もしくは低脂肪牛乳：3カップ（710ml）

乳脂肪36％以上の生クリーム：1カップ（235ml）

セミスイートもしくはビタースイートチョコレート：114g、細かく刻んで
おく

「牛タンの冷製とチキンを出さなくちゃ。それにフレンチチョコ
レートとアイスクリームも。そういうものに慣れてる子たちなの。
だからわたし、生活のために働いているとしても、ちゃんとしたエ
レガントなランチを用意したいのよ」──エイミー

　エイミーは、芸術を愛する友人たちのためになんてすてきなパー
ティーを企画したのでしょう！　母さまはケーキとサンドイッチと果物
とコーヒーを出してはどうかと提案しますが、エイミーはフレンチチョ
コレートなど、もっといいもので友達をもてなしたいと言います。

　「フレンチチョコレート」とは何でしょう？　ヒントは数ページ先で、
残念ながら「チョコレートがちゃんと泡立たない」とわかる場面にあり
ます。エイミーは、チョコレートミルという器具を使っていれるチョコ
レートドリンクでお客さまをもてなそうとしたのでしょう。それを使う
と、チョコレートドリンクの上に、カプチーノにのせる泡と似たような
泡ができます。ただ、あれほどしっかりした泡ではないですが。

　今度ホットチョコレートを作るときは、チョコレートを泡立て、エイ
ミー風のエレガントな飲み物を作ってみてください。

1. 大きなソースパンに牛乳と生クリームを入れ、弱めの中火で湯気
   が立ってくるまで温め、沸騰直前で火を止める。なべをおろし、
   チョコレートを加えて5分ほどおく。

2. 泡立て器を使って1がなめらかになるまでよくかき混ぜたら、さらに
   泡が立ってくるまでかき混ぜる。なべを再び弱めの中火にかけ、
   温まったらカップに注ぐ。

ルイーザ・メイ・オールコットについて

　ルイーザ・メイ・オールコットは、アビゲイル・メイ・オールコットとエイモス・ブロンソン・オールコット夫妻の4人の娘の次女として1832年に生まれました。幼少期と青春期のほとんどを通じて、一家は貧しい生活を送っていました。というのも、理想主義の知識人で、教育改革者でもあった父親が生計を立てるのに苦労していたからです。働き始めたころ、ルイーザ・メイ・オールコットはお針子や教師の仕事をしていました。また、舞台にも立ち、南北戦争中は看護師としても働きました。幼くして書くことを始めたオールコットは、17歳になった1849年、最初の小説を完成させますが、この小説は生涯、書籍として出版されることはありませんでした。20代から30代にかけては家族を支えるため、大衆誌向けに扇情的なスリラーを量産します。1868年、出版社から少女向けの本を書いてほしいとの依頼を受け、オールコットは自分の家族の経験をもとに『若草物語』を6週間足らずで書き上げました。1869年にはその第2部が出版されます（現在はこの2作がひとつの物語として扱われています）。オールコットは幅広い作品の執筆と出版を続け、ほかの作品とともに、『若草物語』の続編2作：『Little Men: Life at Plumfield with Jo's Boys（リトル・メン：プラムフィールドの生活とジョーの子どもたち）』(1871年）および『Jo's Boys, and How They Turned Out（ジョーの子どもたちと彼らのその後）』(1886年）［邦訳タイトルはそれぞれ『第三若草物語』『第四若草物語』（吉田勝江訳、角川書店）］を完成させました。オールコットは結婚することなく、1888年に亡くなりました。

著者について

　ウィニ・モランヴィルはフードライター兼編集者として25年のキャリアを持ちます。『The Bonne Femme Cookbook: Simple, Splendid Food That French Women Cook Every Day（いい女のクックブック：フランス女性が毎日作るシンプルですばらしい料理）』の著者であり、これまで多くの料理雑誌やウェブサイトに記事を書いてきました。とりわけ先祖代々受け継がれてきたレシピに多大なる情熱を示し、『Test Kitchen Favorites（テストキッチンの人気レシピ）』──アメリカで最も愛読されている雑誌『Better Homes & Gardens（ベターホームズ＆ガーデンズ）』に1928年から2000年代初頭にかけて掲載されたレシピを集めた本──ではリサーチャー兼ライターを務めています。ウィニはフィクション作家でもあり、短編集『The Record Player and Other Stories（レコードプレーヤー）』を出版しています。フランスとルイーザ・メイ・オールコットのファンであるウィニの次なるプロジェクトは、フランスを広範に旅したオールコットの足跡をたどる旅行記です。旅をしていないとき、ウィニは夫のデイヴィッド・ウルフとともにアイオワ州デモインで暮らしています。

索 引